www.tredition.de

AF185232

Detlef Müller wurde 1960 in Berlin geboren und verbrachte dort seine Kindheit und Jugend. Als junger Mann war er 18 Monate lang Matrose bei der Marine in Stralsund, wo er aus der vielen Freizeit und Langweile heraus das Schreiben für sich entdeckte. Nach einem Studium im Bauwesen arbeitete er als Bauleiter in verschiedenen Unternehmen und bis 2014 bei der Deutschen Bahn als Bauüberwacher in Berlin. Er unternahm viele erfahrungsträchtige Reisen u.a. nach Neuseeland, Indien, Kanada und China und war stets darauf bedacht neue Sachen zu erlernen oder zu erweitern; u.a. Nähen, Knüpfen, Kochen oder Dichten.

Im Jahre 2015 verstarb Detlef Müller in Folge einer Krebserkrankung und hinterlässt seine geliebten Töchter Lydia und Nadja, sowie seine Geschwister und zahlreiche Freunde.

„Man kann vieles verlieren, aber nicht alles ersetzen.“

ooo

„Wer die Liebe missachtet, ist kein Mensch,

er ist ein armes Etwas, einsam und allein.“

Detlef Müller, *05.01.1960 † 10.01.2015

Detlef Müller

Von Dir, von Mir, für Dich

Sammlung eines wertvollen Menschen

Aufgearbeitet und zusammengestellt von
Nadja Müller

© 2016 Detlef Müller
© 2016 by Nadja Müller

Verlag: tredition GmbH, Hamburg

ISBN
Paperback: 978-3-7345-0855-4
Hardcover: 978-3-7345-0856-1

Printed in Germany

Von und für meinen geliebten Paps, meinen besten Freund, meinen Helden, mein Herz.

Deine Tochter Nadja, dein SBBP

Allein

Warum sind wir allein,

warum können wir nicht beieinander sein.

Wir müssen warten, ohne zu schreien,

wir müssen leben, allein,

doch wie soll das gehn?

Wir sind doch zu zweien.

Was ist das allein?

Ich weiß nur eins:

Das kann und darf und wird nicht sein.

Ich brauche Dich

Du hast gesagt „Ich liebe Dich"!

Ich hab gesagt „Ich brauche Dich"!

Liebe Tante Maria,

Hoffentlich schocke ich Dich nicht. Immerhin sind es über neun Monate wo bei mir Sendepause war. Doch das hat Gründe, die ich nicht beeinflussen konnte. Dass ich bei der Marine meine achtzehn Monate abdiene, wirst Du sicher schon wissen. Und als Matrose oder überhaupt als Angehöriger der bewaffneten Organe darf man keinen Kontakt zu Personen im kap. Ausland haben. Ich halte das für vollkommen idiotisch, trotzdem ist es verboten. Es stehen sogar Strafen auf dieses "Vergehen". Und wie Du bemerkt hast, habe ich mir das ja auch neun Monate lang gefallen lassen, doch jetzt ist Schluss. Ich pfeife auf all' diese dummen Paragraphen und Gesetze. Ich fühle mich als freier Mensch, und als solcher trete ich in Kontakt mit wem ich will. Daran soll mich auch die Armee nicht hindern. Allerdings müssen wir eine kleine List einbauen. Falls Du die Absicht hast mir zu antworten, so richte diese bitte doch an meine Heimatadresse. Dein Brief kommt dann nur in einen neuen Umschlag und wird von Mutti an mich weitergeleitet. Diese Maßnahme ist nur eine Aktion der Vorsicht. Denn unnötigen Ärger will ich mir ja nicht aufhalsen. Nun aber genug von diesem Thema.

Wie schon einmal erwähnt, ist in genau neun Tagen die Hälfte meiner Dienstzeit geschafft. In dieser Zeit habe ich natürlich eine Menge erlebt, hatte Zeit zum Nachdenken, habe mir Gedanken um meine Zukunft gemacht und bin auch irgendwie älter geworden. Und das nicht nur rein zeitgemäß gesehen. Alle erlebten Dinge und Vorgänge aufzuzeichnen grenzt an das Unmögliche. Ich will mich deshalb auch nur auf die wichtigen und mir erwähnenswert erscheinenden Dinge beschränken. Am besten fange ich ganz vorne an.

Durch einen Glücksfall hat es mich in die Marine verschlagen. Dadurch hat man ein paar Vorteile und sieht auch in Uniform noch ziemlich normal aus. Nun denke aber nicht, dass ich zur See fahre, an dem ist es nicht. Ich diene meine Zeit an der Küste ab und werde nie einen Fuß auf ein Schiff setzen. Ehrlich gesagt bin ich darauf auch nicht besonders scharf. Doch mit dem Posten, den ich hier erwischt habe, bin ich ganz gut bedient. Das Essen ist für Armeeverhältnisse vorzüglich, der Dienst ist monoton, aber erträglich. In Sachen Urlaub habe ich auch Glück gehabt. Alle 6 Wochen bin ich für ein paar Tage zu Hause. Bei vielen meiner Freunde, die bei den Landsern sind, sieht es da ziemlich traurig aus. Also habe ich Glück gehabt. Ich habe hier so viel Freizeit, dass ich kaum weiß was ich mit all' dieser Zeit anfangen soll. Mit der Zeit kommt man dann darauf wie man am besten Zeit totschlägt, und das ist ein nicht geringer Teil. Doch ich schlage nicht nur Zeit tot, ab und zu tue ich auch etwas. Diese Beschäftigungen sind von vielfältiger Natur. Ich habe z.B. gerade jetzt einen im Kreuzstich gehaltenen Wandbehang fertig gestickt. Für diese Arbeit habe ich genau 101 Stunden benötigt. Sieht wirklich gut aus, doch nochmal würde ich so eine Riesenarbeit nie in Angriff nehmen. Da mache ich lieber kleine Stickereien, bastele mir die Holzrahmen dazu und verschenke diese kleinen Sachen. Oder ich baue Gewürzregale, Schmuckkästchen und andere Holzsachen. Ich habe auch schon kleine Leder- und Fellbeutel selber produziert, einfach nur weil ich zu viel Zeit habe.

Eine große Sache ist noch in der Schwebe. Ich bin mit einem Kumpel bei einem Hocker. Und zwar besteht dieser aus einem Holzgestell, welches gebeizt und poliert wird. Die geschwungenen Füße werden dann noch mit alten Messingbeschlägen verziert. Zu diesem Hocker gehört noch ein Lederkissen, auf welches aufgesetzte Ledermotive genäht sind. Dieses Kissen ist schon fertig, alles solide Handarbeit, selbst gepolstert usw. Ich schätze, dass ich dafür ungefähr 60 Stunden gebraucht habe. Doch es hat sich gelohnt. Durch diese Ledernäherei hatte ich Hornhaut (!) auf den Fingerkuppen. Bis zum Ende meiner Dienstzeit wird wohl auch das Gestell fertig sein. In diesem Zusammenhang habe ich auch gleich noch eine Frage. Die Beschaffung von kleinen Messingornamenten, also Zierbeschläge, hat mich vor unlösbare Probleme gestellt. Wenn Du also irgendwie solche Sachen rumliegen hast, und Dir über deren Verwendungszweck nicht im Klaren bist, wäre ich dafür sehr dankbar. Mache Dir aber deshalb keine Rennereien, das ist nicht Sinn meines Anliegens. Es ist doch möglich, dass solche Dinge rumliegen, deshalb meine Frage.

So habe ich auch gleich eine Überleitung gefunden, die sich an diese Anführungen anschließt. Und zwar will ich auf einige Veränderungen hinaus, die sich in meinem Denken vollzogen haben. Die Sache mit den Messingbeschlägen möchte ich mal als Beispiel anführen. Früher hätte ich eine riesen Einleitung gemacht und dann schüchtern gebeten. Von dieser Taktik bin ich abgekommen, einfach weil ich älter geworden bin und mir zu tuende Dinge genauer überlege. Ich bin nicht mehr der kleine Junge, der nur an seine Tanten schreibt um am Ende des Briefes dann seine Wünsche anzubringen. Wenn Du so willst, habe ich mich solcher Handlungsweise schon oft geschämt. Heute ist das Anliegen meiner Briefe ganz anderer Natur. Ich will einfach nur mir lieben Menschen mitteilen wie es mir geht und was ich so treibe. Es verbergen sich keine bestimmten Absichten dahinter. Klar, ich kann auch heute noch eine Menge Dinge aus dem holden Westen gebrauchen, doch ich werde solche Sachen nie unverschämt offen und brutal vortragen. Solche Handlungsweise ist mir fremd geworden. Hoffentlich hast Du mich verstanden, was ich meine. Ist vielleicht etwas konfus ausgedrückt gewesen, ich vertraue aber Deiner Menschenkenntnis. Habe ich schon oft bewundert, ehrlich.

Wenn ich mich recht entsinne, hast Du mal vor ein paar Monaten angedeutet, dass Du irgendwann Familie Naupold beehren willst. Hat sich an diesen Vorstellungen irgendetwas geändert? Ich brenne nämlich darauf Dich vor meinem Exitus noch kennenzulernen. Und da bin ich bestimmt nicht alleine. Ich glaube, dass es dem Rest meiner Familie genauso geht. Ich kann Dir nicht sagen warum, aber ich habe eine ganz bestimmte Vorstellung von meiner Tante Maria. Allerdings hüte ich mich diese preiszugeben. Ich warte lieber noch ein paar Monate, dann kann ich Dir alles persönlich sagen. Hoffentlich klappt das auch alles. Wenn es nichts werden sollte, würde ich es sehr bedauern, das sollst Du noch wissen.

Aber zurück zu meiner Person. Ich sprach schon einmal von Veränderungen in meinem Denken. So hat sich z.B. meine Lebenseinstellung geändert. Ich habe jetzt ganz bestimmte Forderungen an das Leben und dessen Erscheinungen. Es hat sich alles etwas klarer herauskristallisiert. Einen gewissen Anteil daran wird sicher auch das Mädchen haben, welches ich liebe und achte. Seit 33 Monaten kommen wir nun schon blendend miteinander aus. Mir fällt ja da gerade was ein. Genau heute vor 33 Monaten haben wir uns kennengelernt, es war der 18.10.77. Und es ist doch schon eine ziemliche Zeitspanne, finde ich jedenfalls. Und sie hat ihren Anteil an meiner Entwicklung, das ist sicher. Wir haben nun schon ein paar gemeinsame Pläne, doch wir bleiben da hübsch im Rahmen des für uns Erreichbaren. Nach Dingen greifen, die sich noch nicht erreichen lassen, ist nicht unsere Art. Und wenn ich so zurückblicke, kann ich sagen, dass ich gerne gelebt habe und ein glücklicher junger Mann war, bis dann die Armee kam. War schon ein ziemlicher Schock, das Gröbste ist nun überwunden. Das Schlimmste ist ja, dass die Zeit für immer verloren ist. Man kann 18 Monate Leben aus seinem Gedächtnis streichen. Man ist anderthalb Jahre älter, fängt aber da an, wo man vor 18 Monaten aufgehört hat. Was habe ich schon geschimpft, doch mein Verstand war da stärker als das

Gefühl. Man kann das nun mal nicht ändern und muss sich mit dem Gegebenen abfinden, ob man will oder nicht. Und das, so glaube ich, habe ich geschafft. Ich habe mich abgefunden und mache hier nur so viel wie unbedingt nötig ist um sich über Wasser zu halten. Ab und zu habe ich mich mal aufgeregt oder etwas kritisiert, doch ich bin jedes Mal jämmerlich gestrandet. Man kommt gegen diese gewaltige Maschinerie nicht an, sie ist übermächtig. Zu stark für einen einfachen Durchschnittsbürger. Diese Einsicht, verbunden mit deprimierenden Erlebnissen hat mich ruhiger und härter werden lassen. Um mich aus der Fassung zu bringen, muss schon etwas passieren. Ob das nun von Vorteil oder Nachteil ist, das muss sich nach der Armeezeit zeigen. Hoffen wir nur, dass sich der angerichtete Schaden in Grenzen hält. Aber man kann auch ein paar Krümel Gutes finden, man muss nur wollen.

So habe ich z.B. entdeckt, dass ich ein winziges Talent zum Dichten und Schreiben besitze. Immer wenn ich mal Zeit und Lust hatte, habe ich mich hingesetzt und habe entweder ein Gedicht oder eine Kurzgeschichte geschrieben. Und es hat mir Spaß gemacht. Ein Grund dafür war auch die Freude meiner Bille über das Geschaffene. Das Hauptthema meiner geistigen Ergüsse behandelt die Liebe. Und für wen das alles gedacht war, kannst Du Dir ja sicher denken. Ich bin nun aber nicht so vermessen und bilde mir darauf etwas ein, nur weil es einer Person gefällt. Ich habe auch nicht die Absicht diese Sachen irgendwie publik zu machen, würde sich wohl auch kaum lohnen. Leider komme ich im Augenblick an meine gesammelten Werke nicht heran, sonst würde ich Dich mal mit einer Kostprobe belästigen. Eins müsste ich eigentlich noch zustande bekommen. Aber nicht lachen.

Tränen

Sie fangen meine Blicke und

entflammen mein Herz.

Sie benetzen meine Seele und

erregen mein Gemüt.

Sie berühren meine Gefühle und

betören meine Augen.

Sie fließen über meine Wangen

und machen mich glücklich,

Sie - die Tränen der Freude.

Ja, das war ein kleiner Ausschnitt aus meinem "Schaffen". Man kommt eben auf die blödsinnigsten Ideen wenn man nichts zu tun hat. Damit will ich Dich aber nun verschonen. Ansonsten bin ich hier ganz zufrieden, man muss ja auch. Unsere Behausungen sind freundlich und hell, die Leute sind ganz okay. Phasenweise macht es sogar Spaß. Die angebotenen Freizeitbeschäftigungen sich auch akzeptabel. Sauna, Kino, Turnhalle, Schwimmen, Angeln usw. Da kann man sich im Prinzip nicht beklagen, trotzdem wäre ich lieber zu Hause.

So liebe Tante, nun bin ich am Ende meiner Ausführungen angelangt. Ich hoffe Dir ein grobes Bild vermittelt zu haben. Lass mich also für heute enden. Ich hoffe, dass Dich dieser Gruß bei bester Gesundheit erreicht. Mit den allerbesten Grüßen und Wünschen verabschiedet sich für heute

Detlef

Euphorie

Wenn meine Gedanken zu Dir eilen,

wenn mein Körper wünscht eins mit Dir zu sein,

wenn mich die Erinnerung an betörend schöne Stunden mit Dir ~~befällt~~ verbindet,

wenn ich nichts sehnlicher erhoffe als Dich und deine Liebe zu verspüren,

wenn ich glaube vor Sehnsucht zu verglühen,

wenn ich träume in Deiner Nähe zu sein,

wenn mich ein unbändiges Verlangen nach Zweisamkeit ~~umschließt~~ befällt,

wenn meine Vorstellung nur noch ein einziges Bild kennt,

wenn in mir die Feuer meiner Liebe lodern,

….

dann wünsche ich mir oft tot zu sein, denn all' das ist nicht zu erfüllen, - noch nicht.

Mit den Augen eines Babys

Es ist schon eine ganze Weile her, dass ich als kleines und unbedeutendes Menschenwesen den Wogen dieser Welt übergeben wurde. Damals war mir natürlich absolut nicht bewusst womit man während seinem Dasein zu kämpfen hat. Ich wusste nicht um die Schwierigkeiten bei der Ketchupbeschaffung, kannte mich nicht in den provisorisch angelegten Fahrplänen der Reichsbahn aus, brauchte keine willigen Leute mit harter Währung bestechen, zitterte nicht bei den Abschiedsspielen von Union und auch ansonsten ließ mich alles ziemlich kalt. Und was ich wollte, war wirklich nicht viel; so schien es mir jedenfalls.

Trockene Windeln, ausreichend Essen, viel Schlaf und meine Ruhe, mehr bürdete ich den dafür Verantwortlichen nicht auf. Doch ich konnte nicht nur nehmen, nein, ich gab auch. Stundenlanges Brüllen gehörte zu meinen Lieblingsbeschäftigungen. Dass ich dadurch eine kräftige Lunge bekam, die mir einmal nützlich sein würde, wusste ich natürlich nicht. Aber ich trainierte sie vorsichtshalber. Auch war ich in der Lage, mehr Wäsche einzusauen, als ich überhaupt hatte. Damit setzte ich alle zur Verfügung stehenden Leute sinnvoll und intensiv ein. Es gab kaum Stockungen im Produktionsprozess. Stolz war ich darauf nicht, doch wenn ich gewusst hätte was Stolz überhaupt bedeutet, wäre ich es vielleicht doch gewesen.

Um meinem Leben etwas Planung zu verleihen, legte ich mir eine Art Tagesablaufplan zu. Er war total auf meine Bedürfnisse zugeschnitten, wobei ich alle Errungenschaften der Technik mit einbezog. Da ich sehr gerne schlief, nahm diese Beschäftigung den Hauptteil des Tages und alle Teile der Nacht ein. Aber die restliche Zeit war straff durchorganisiert. Und komischerweise klappte immer alles zur vollsten Zufriedenheit.

Wenn ich früh Hunger verspürte, gab es eine ganz einfache Methode diesen zu stillen. Mit dem Gefühl des Hungers motiviert, brüllte ich ganz mörderisch los. Ich scheute dabei weder Kraft noch Mühe. Und es wurde belohnt.

In annehmbarer Zeit war meine Mutti bei mir, streichelte mir den haarlosen Kopf ganz zärtlich und redete sanft auf mich ein. Sie sah dabei noch ganz müde aus. Doch ich wollte nicht gestreichelt werden, ich hatte Hunger. Also brüllte ich weiter. Zugegeben, etwas primitiv war mein Sprachschatz ja, doch mit diesen bescheidenen Mitteln war eine ganze Menge zu erreichen; wie ich immer wieder feststellte. Und wie immer war meine Mutter nach einigen Minuten wieder da, hob mich aus meiner Stellung und in ihren Arm und schon hörte ich auf zu schreien. Mein Ziel war erreicht. Der Rest war dann nur noch Formsache.

Genussvoll schluckte ich den süßen Brei und biss dabei ab und zu ganz kräftig auf den Löffel, ohne Zähne natürlich. Ohne mich zu belasten, schluckte ich bis ich genug hatte und wehrte mich dann heftig gegen jede weitere Befütterung. Dies geschah indem ich einen Löffel voll Brei in den Mund nahm, um ihn dann im passenden Augenblick heimtückisch und mit Energie um mich herum zu verteilen. Nach einigen Anläufen war alles in Ordnung. Ich arbeitete auch mit Hinterlist. Um meine Mutter irre zu führen, schluckte ich wieder zwei, drei Löffel Brei und prustete dann beim nächsten Mal wieder kräftig los. Sie schien meine Taktik nie zu durchschauen, immer und immer wieder probierte sie es. Vielleicht hielt sie mich zu unerfahren im bewussten Widerstandskampf. Sie ging da konform mit allen Leuten, die ich so kennenlernte. Jeder hielt mich zwar für niedlich und nett, doch ich bin überzeugt gewesen, dass sie mich in ihrem Innern für doof und unbeholfen hielten. Doch ich hatte sie durchschaut und legte daraufhin meine Taktik aus; ich ließ sie in dem Glauben.

Es amüsierte mich wenn sie mich wie ein rohes Ei behandelten. Sie hörten auch nie auf mir irgendetwas beizubringen. Es war schierer unerschöpflicher Elan vorhanden. Es war beliebt mir irgendwelche artikulierten Laute zu entlocken und das mit allen Mitteln. Wenn es darum ging, war plötzlich keine Sitzung mehr wichtig, kein Fußballspiel mehr spannend und keine Lektüre fesselnd. Artig und gebannt saßen sie dann vor mir und sprachen immer ein und dasselbe Wort. Wenn ich dann scheinbar verständnislos in die Gegend blickte oder mit meinen Händen fuchtelte, ging alles wieder los. Doch irgendwann wird es jedem zu bunt. Eine gewisse Weile musste ich mich ja unwissend stellen um ihren Glauben nicht zu torpedieren, doch sobald ich das Gefühl hatte, dass sie am Erlahmen waren, sprach ich ihnen nach. Was dann wieder los war, spottet jeder Beschreibung. Mit strahlendem Gesicht und hervorragender Laune wurden dann die in der Nähe befindlichen Personen mobilisiert und ich musste alles nochmal wiederholen. Der Jubel war unbeschreiblich. Doch diese Erfolgserlebnisse wollte ich ihnen nicht nehmen. Denn schon zu dieser Zeit beruhte alles auf Gegenseitigkeit. Ohne Preis kein Fleiß. Das hatte ich schon frühzeitig erkannt und dem zufolge richtete ich mich danach. Das soll nun nicht heißen, dass ich die Fahne nach dem Winde hänge, doch ich wollte keine Streitereien. Außerdem wurde mir ja alles leicht gemacht. Ich konnte noch so viel Blödsinn machen, nach ganz kurzer Zeit war alles vergeben und vergessen.

Als ich z.B. aus Langeweile (man ließ mich längere Zeit allein und es hatte daher keinen Zweck zu brüllen) die in meiner Reichweite befindliche Betonmauer gründlich von der Tapete befreite und die kahle Stelle liebevoll mit Creme einschmierte, passierte nicht allzu viel. Es wurde lediglich im Zimmer eine neue Tapete angeklebt, die mir vom Muster her viel mehr zusagte. Deshalb nahm ich auch von einer nochmaligen Zerstörung Abstand. Zudem hatte man mich auch mehr in die Mitte des Zimmers verlegt, so dass die Tapete meiner Reichweite entzogen war. Doch da ich diesen Vorgang vorher geahnt hatte, war meine Tätigkeit an der Mauer zu einer absoluten Qualitätsarbeit ausgeartet. Es gab wirklich nichts mehr zu entfernen. Und als Werkzeuge standen mir ja nur ein paar minderwertige Holzbausteine zur Verfügung. Mit einem Spachtel hätte ich zwar Zeit gespart, doch davon hatte ich ja genug. An solch kleinen Episoden ist eines ganz deutlich. Kleinkindern wird alles verziehen, da man an ihren schöpferischen Fähigkeiten zweifelt. Derselbe Vorgang ein paar Jahre später und ich hätte diese Zeilen vielleicht nie zu Papier bringen können. Das menschliche Wesen in jungen Jahren wird allgemein unterschätzt. Und da die Voraussetzungen für die Bildung einer IG oder ähnlichen Vereinigungen denkbar ungünstig sind, wird sich an diesem Zustand auch nicht viel ändern, jedenfalls nicht in absehbarer Zeit.

Gerne alleine

Ihr kurzes schwarzes Haar ordnete sich in den Stößen des Windes. Man konnte ein hübsches Gesicht mit einer, vielleicht um eine Nuance zu großen Nase erkennen. In den verschlafen blickenden großen blauen Augen spiegelten sich die Sonnenstrahlen. Wie abwehrend hielt sie eine schmale, weiße Hand gegen die Sonne und erhob sich. Ein im Wind flatterndes großkariert gemustertes Baumwollhemd wurde sichtbar. Die verwaschenen, blauen Jeans hoben sich von dem weißen Sand des Strandes auffällig ab. Weiße Turnschuhe vervollständigten ~~das Bild~~ die Kleidung des vielleicht 20 jährigen und sehr gut gebauten Mädchens. Sie stieg aus der Strandburg und lief in Richtung Meer. Ihre Füße hinterließen kleine Löcher im Sand, welche aber von dem Wind bald wieder zugekehrt wurden.

Am Ufer angekommen zog sie sich die Turnschuhe aus, band die Schnürsenkel aneinander und hängte sich alles über die Schulter. Dann krempelte sie sich die Hosen hoch und machte noch ein paar Schritte in Richtung Meer. Der nasse Sand unter ~~ihr war~~ ihren Füßen war weich und nachgiebig. Wenn sie auftrat bildeten sich um ihre Füße herum weiße Stellen. Ein leichter Jauchzer entrang sich ihrer Kehle als die erste Welle ihre Füße bis zu den Knöcheln umspülte. Das Wasser war kalt und grünlich schimmernd. Langsam gewöhnte sie sich an das schmatzende Geräusch und die Kälte des Wassers, wenn dieses sich über den Strand und ihre Beine ergoss. Beim zurückfluten erzeugte das Wasser unter ihren Fußsohlen kleine Strudel und nahm den Sand mit sich reißend ins ~~Wasser~~ Meer. Sie schaute sich um. Keine Menschenseele war am langen Strand zu erblicken. Sie war noch immer alleine.

Am Horizont erblickte sie die Aufbauten eines großen Schiffes. Sie wünschte sich auf dieses Schiff, welches da draußen mit Ladung und Besatzung ferne Länder ~~anfuhr~~ ansteuerte. Sie stellte sich vor wie es wäre wenn sie irgendwo auf einer Insel am Strand liegen könnte, ~~im Hintergrund~~ hinter ihr Palmen und seichte Lagunen und ~~noch~~ ganz alleine. Sie war gerne alleine. Nicht einsam, aber sehr gerne alleine. Sie liebte es ungestört über etwas nachdenken zu können oder über ihren Träumen zu brüten. Sie brauchte ~~keinen Menschen~~ diese Ruhe einfach. Sie füllte sie aus und sie gab ihr Kraft und Zuversicht. Und deshalb lief sie auch am frühen Morgen alleine und fröhlich am Stand des Meers entlang und freute sich an den Reizen der Welt.

Gedicht, Titel ergänzt

Flammen der Liebe

Die Flammen der Liebe sind unheimlich hoch.

Sie tragen die Freude, die Freiheit, das Glück und das Lob.

Man muss sie ertragen, so heiß sie auch sind und

wird nie fragen: Wo bleibt der Wind?

Schmerzliche Erinnerung

Noch vollkommen entnervt saß er da. Seine Hände glitten wie liebkosend über das Bierglas, dessen Inhalt schon wieder zur Neige ging. Sein Gesicht hatte einen wehleidigen, klagenden Ausdruck. Seine Augen waren vollkommen erloschen. Kein noch so kleines Glänzen konnte man in ihnen erblicken. Sie blickten wie ausgebrannt vor sich hin, alles andere unbeachtet lassend. Sie blickten nicht mal auf, als die Kellnerin ihm das leere Glas gegen ein volles tauschte. Nur ein leichtes Nicken mit dem Kopf verriet, dass er es wahrgenommen hatte. Den ganzen Körper schien die Apathie überwältigt zu haben. So war es vielleicht auch, denn ab und zu führte er mechanisch das Glas zum Mund, nahm einen tiefen Schluck und stellte es ebenso mechanisch wieder zurück auf den blankgescheuerten Tisch. Das alles geschah ohne sichtbare Anteilnahme. Auch als er sich aus der angebrochenen Schachtel Zigaretten, die vor ihm lagen, eine herausnahm und diese in Brand setzte, geschah das wie ~~gesteuert~~ von einer fremden Gewalt gesteuert. Diese Gewalt, die seinen Körper und seine Reaktionen so mechanisch erscheinen ließ, war es, die seinen Schädel fast zum Zerspringen brachte. Sie hatte sich festgesetzt und verbissen.

Seine Gedanken überschlugen sich und jeder Versuch diese zu ordnen, verwirrte sie bloß noch mehr. Er war nicht mehr Herr über sein Denken. Zu viele Sachen gingen ihm durch den Kopf. Wie sollte er wieder zu sich selbst finden, klar und normal denken? Jetzt, da ihm das Schicksal einen Schlag versetzt hatte, welches härter wohl hätte kaum sein können. Einen Schlag von dem er noch nicht wusste ob und wie er ihm verschwinden würde. Tief, unbeschreiblich tief hatte es ihn getroffen. Eine heile Welt war für ihn zusammengestürzt und ~~hatte~~ es waren nur noch Ruinen und seelische Qualen ~~zurückgelassen~~ geblieben.

Wie sollte er diese Trümmerwüste je überwinden? Sein ganzes Leben schien ihm leer und sinnlos. Wozu war er eigentlich noch da? Jetzt wo seine Ideale und Träume hinweggefegt ~~wurden~~ worden waren, wo ein brennender Schmerz in ihm wütete! Wo sein ganzes Denken nur eine Frage kannte: Warum? Warum musste ihm das alles passieren? Hatte er irgendetwas verbrochen, dass ihm diese schwere Last auferlegt wurde? Er zweifelte an sich und der Welt. Der Halt, den ihm die Welt noch vor kurzem geboten hatte, war jetzt entschwunden wie ein Stein in den Wellen des Ozeans.

Es schien ihm, als ob er ~~die Welt verlassen hatte~~ auf einer Brücke stand, welche sein Leben und die Welt miteinander verband. Und diese Brücke stand jetzt in Flammen. Wohin sollte er sich wenden? Was sollte er tun? Er wusste nicht mehr weiter! Alles schien so sinnlos, so deprimierend. Seine seelische Verfassung war unbeschreiblich traurig. Es fiel ihm schwer zu glauben, dass Sie nicht mehr für ihn da war. Er versuchte diese Gedanken zu zertreten wie ein Insekt im Staub. Doch sie ließen sich nicht vernichten, sie kamen immer wieder und immer stärker. Es war zum verrückt werden. Jeder Widerstand war zwecklos. Und so ließ er sich treiben.

Erinnerungen tauchten in ihm auf. Er dachte an die schönsten Stunden mit seinem Mädel, an ihr erstes Treffen, die ersten zaghaften Küsse und die ersten Stunden wo sie beide ganz alleine waren. Ein betäubender Schmerz zuckte durch seinen Körper. Wie schön war es doch gewesen mit ihr über Bücher zu sprechen, Hand in Hand spazieren zu gehen und die Auslagen der Geschäfte zu ~~beob~~ betrachten. Er hörte ihr herzhaftes Lachen, ihre leicht vibrierende Stimme. Er sah ihr vor Freude strahlendes Gesicht wenn er ihr eine kleine Aufmerksamkeit mitbrachte. Er glaubte den Duft ihres Haares ~~zu riechen~~ wahr zunehmen. Er sah sich mit ihr auf der kleinen, zerbrechlichen Bank unten im Park sitzen, den Kopf an ihre Schulter gelehnt.

Dort saßen sie oft und beobachteten die Kinder beim Spielen auf der großen von Steindorn umrahmten Wiese. Oder sie träumten einfach vor sich hin und waren glücklich dabei. Und all' das sollte nie wiederkommen, war nur noch Erinnerung? Erinnerung an das von ihm geliebte Mädchen, welches jetzt nie mehr lachen und atmen würde, weil ein angetrunkener Autofahrer sie einfach über den Haufen gefahren hatte? Ein junges Leben sinnlos ausgelöscht, dem Glück des Daseins entrissen!

Das konnte, nein das durfte nicht sein! Sein Herz krampfte sich zusammen. Er spürte wie ihn die Kräfte verließen. Er durfte einfach nicht mehr daran denken, wenn seine bis zum Zerreißen gespannten Nerven halten sollten! Er durfte nicht durchdrehen, er durfte es nicht!

Und so zwang er sich ein Bier nach dem anderen in seinen entkräfteten Körper. Als er merkte wie sein Kopf schwer wurde, winkte er die Kellnerin heran, ~~zahlte~~ drückte ihr irgendeinen ~~Schei~~ Geldschein in die Hand und ging. Besser gesagt er schlich. Den Kopf gesenkt, die Hände zu Fäusten verkrampft, bewegte er mechanisch die Füße. Es war nicht allzu weit bis zu seinem Heim, dennoch brauchte er viel mehr Zeit als er hätte brauchen dürfen. Es dämmerte schon als er die Wohnungstür aufschloss und die Jacke an die Garderobe hängte. So wie er war legte er sich aufs Bett, die ~~Arme hinter den Kopf verschränkt~~ Hände wie zum Gebet gefaltet.

Wie ich mir einen Weihnachtsbaum besorgte

Wie jedes Jahr um dieselbe Zeit klopfte Vater Weihnachten mit aller Macht gegen alle Tore und ließ beiden Kindern die Herzen höher schlagen. Manche Eltern schlugen die Hände über dem Kopf zusammen und mussten feststellen, dass schon wieder ein Jahr rum war und wieder nichts geschafft wurde. Diese bittere Erkenntnis zog auch ich als glücklicher Vater mit 2 Kindern und einem lieben Weib. Was hatten wir uns beide nicht alles vorgenommen! Die Datsche sollte auf Vordermann gebracht werden, neue Gardinen angeschafft und der Wagen neu gespritzt werden. Doch so sehnlich wir es uns auch gegenseitig wünschten, es ging nichts von selber in Erfüllung. Ungewollte Dinge dagegen drohten uns fast zu überrollen.

So bekam ich im Frühjahr durch einen ganz blöden Zufall in einem Vorort Berlins eine ordentliche Mischbatterie. Wurde gekauft. Ich wusste zwar nicht warum, aber sicher ist sicher. Denn auf unserer Datsche hatten wir uns an die alte quietschende Pumpe gewöhnt, und den Klempner, den ich mir mit einem Riesen an Land gezogen hatte, stellte sadistisch fest, dass vor Sommer wohl nichts mit Leitung legen wäre, die üblichen Materialsorgen. Aber ein paar gute Tipps hatte er auf Lager, z.B. sollte ich mich schon mal um eine Mischbatterie kümmern, das läge nicht in seinem Verantwortungsbereich. Wenn ich das hätte, sollte ich mich wieder melden. Mit fröhlicher Miene und meinem Riesen zog er von dannen, nicht ohne mir noch einen Zettel in die Hand gedrückt zu haben, der ihn als Klempnermeister auswies und seine Telefonnummer beinhaltete. Beglückt und voller Elan machte ich mich ans Werk. Meiner Frau berichtete ich alles haargenau und rechnete mit einem Rat, wo man am besten damit beginnt. Sie schenkte mir ihr volles Vertrauen, indem sie sagte „Du wirst das schon machen". Und ich machte.

Und wie. Mit meinem Trabant zog ich durch die Stadt, von Laden zu Laden. Mein Bekanntenkreis wuchs zusehends.

Nach knapp einem halben Jahr kannte ich so ziemlich alle Leute, die irgendwie mit Stahl oder ähnlichen Erfindungen zu tun hatten. Ich hätte alles besorgen können, von Nagel bis zum ausgewachsenen Traktor. Doch Mischbatterien schien es nie welche gegeben zu haben. Die Verkäufer sahen mich mitleidig an und zuckten hilflos mit den Schultern. So ging das Monatelang. Doch mein Elan kannte keine Grenzen. Ich musste so ein Ding erwischen, koste es was es wolle. Nach acht Monaten kam ich auch von dieser Devise ab. Das Spritgeld, welches ich verfahren hatte, reichte gut und gerne für eine Reise um die Welt, oder für ein Pferdegespann mit 8 reinrassigen Arabern. Ich ließ den Wagen von nun an zu Hause und fuhr mit der Bahn. Da soll man ja auch ab und zu ein paar kennenlernen, die einem vielleicht helfen können. Doch die Leute wollten sich nicht mit mir einlassen. Das Einzige, was ich fand, waren Leidensgenossen. Auf der Jagd nach einer wichtigen Sache. Aber Mischbatterien wollte keiner kennen. Wenn ein ganz heißer Tipp mir auf meinem Operativtisch landete, ließ ich mich sogar 2,3 Mal hinreißen den Wagen zu benutzen. Einmal brachte das sogar einen Pluspunkt.

Bei der ersten Jagd quer durch Berlin streifte ich durch einen dummen Zufall ein privates Taxi. Außer dem Kotflügel war ja alles noch heil bei mir. Eilig tauschten wir die Adressen, und ich lud ihn zu mir ein um alles zu klären. Die Raserei zu meinem Ziel brachte natürlich nichts ein. Aber der folgende Abend schien zu einem Volltreffer zu werden. Meine Frau hatte ein schönes Abendbrot gezaubert und das Bier dazu bekam man auch nicht alle Tage. Günstige Verhandlungsbedingungen waren also gegeben. Ich erzählte ihm von meinem Unglück und die Herumrennerei nach einer Mischbatterie. Schon bei diesen Worten fingen wir an Freunde zu werden. Er suchte auch. Wir redeten und redeten bis das Bier alle war. Dann wollte er gehen. Zum Glück hatten wir uns bis dahin schon geeinigt. Sein Vater war Lackierer und ich der Mann der Mischbatterien. Also schlossen wir einen Tausch. Er besorgte den Termin fürs Lackieren und ich hatte also die Anweisung Mischbatterien zu besorgen. Diese Chance sich nicht entgehen zu lassen, galt es. Also verdoppelte ich meine Anstrengungen und hatte kaum noch Zeit zum Arbeiten.

abgebrochen (sinnlos)

Ein Fahrgast

Nicht alle Linienbusse sind gleich. Diese unscheinbare Erfahrung musste ich machen. Nun darf nicht angenommen werden, dass sich dies auf das Aussehen oder den Zustand derselben bezieht. In dieser Hinsicht sind alle gleich. Festgetretener Staub von Monaten, Apfelgriebsche des letzten Sommers, nach Wasser lechzende Fensterscheiben, durchgesessene Sitzgelegenheiten, bis zum Blech abgeschürfte Gummimatten, defekte Entwerter, mürrische Fahrer, verdächtig nach Asthma klingende Motoren, Sprungkupplung, Kurzwegbremsen, äußerst luftaktive Aufbauten und ähnliche Extras sind zu beobachten. Doch daran stört sich niemand mehr. Man gewöhnt sich an all' das wie an seine eigene Frau oder den Postboten. Man schätzt sich schon glücklich wenn man ohne Bedenken einen Haltegriff benutzen kann. Es sollen ja Fälle vorgekommen sein, wo sich vollkommen ahnungslose Busmitfahrer ziemlich hässliche Krankheiten geholt haben. Alle Welt dachte dann diese Leute seien schmuddelig oder unrein oder sahen sie schief an. Auch eine Begrüßung vollzog man lieber mündlich. Man brauchte nur beide Hände vollhaben, dann ließ sich das arrangieren. Doch auf die Idee, dass diese gestraften Opfer des Massenverkehrs garnichts dafür konnten, kam natürlich niemand. Warum auch? Wer nicht Besitzer eines fahrbaren Untersatzes war, lebte ja auch ständig mit dieser Gefahr, allerdings ist sie schon so zum Alltag geworden, dass man dem nicht mehr Bedeutung zumisst als einer ~~Auto-stau~~ Hasenjagd in Argentinien. Aber wehe dem den es erwischt. Dieser hat zu kämpfen, mit sich, seiner Umwelt und etlichen Institutionen. Und nicht zu knapp. Doch damit muss jeder selber fertigwerden. Aber all' das sollte nur so am Rande erwähnt werden. Man braucht ja auch gar nicht so weit zu greifen um irgendetwas Erlebnisträchtiges aus der Busbranche zu berichten.

Schon das Fahren an sich macht Spaß. Wenn man einen trainierten Fahrer erwischt, braucht man sich das nächste Formel 1 Rennen im Fernsehen gar nicht mehr anzuschauen. Man kann dann sagen: „Du warst dabei". Aber nicht jeder Buspilot ist versessen auf den Geschwindigkeitsrekord für Linienbusse der Halbliterklasse. Es gibt die verschiedensten Typen von Ghostridern.

Am besten fährt man mit dem Schleichertyp, zumindest am sichersten. Und das eigene Leben ist einem schon was wert. Aber man darf dann nichts Dringendes vorhaben, das schlägt bestimmt fehl. Als Ausgleich kann man sich aber in aller Ruhe die Architektur der an der Strecke platzierten Bauten betrachten. Jedem liegt das nicht, also kann man sich auch auf überholende Wagen spezialisieren. Diese Zahl ist natürlich beträchtlich. Will man das also gewissenhaft tun, so denke man an den Taschenrechner, möglichst mit Speicher.

Dieses Hobby fällt bei dem Spidertyp weg. Man hat keine Hand frei um die Tasten zu drücken. Fest zugegriffen heißt die Parole. An dellenförmig abgegriffenen Haltestangen kann man sich schon vorinformieren. Wem der freie Fall nicht liegt, sollte lieber auf den nächsten Bus warten. Auch Herzkranken und Körperbehinderten sind diese Fahrten nicht besonders zu empfehlen, es sei denn sie wollen schnell beerbt werden! Aber dieser Fahrertyp hat auch Vorteile. Man will ja nicht nur meckern. Wenn man seinen Körper in jeder Lage im Gleichgewicht zu halten vermögen will, oder beim Reaktionstest der Raumfahrer mitmischen will oder wer einen Griff bekommen will welcher volle Bierbüchsen zu zerquetschen vermag, diese Leute halten sich am besten an den Spidertyp. Ein zwei Jahre dieses Training, dann ist man perfekt. Über längere Strecken kann dieses Training aber auch zu Ermüdungserscheinungen führen, also immer schön einteilen.

Wer den Nervenkitzel liebt und über eine einigermaßen belastungsfähige Gesundheit (Stufe A des Testfahrers reicht) verfügt, dem kann ich den Rallyetyp empfehlen. Es gibt fast nichts was dieser nicht kann. Kurven, Fußgänger, Schlaglöcher, Bordsteine, die Straße kreuzende Objekte, aber auch Haltestellen werden voll in diesen Prozess integriert. Gekonnt und elegant meistert der Rallyetyp hitzelige Situationen, in welche er sich selber manövriert hat um den Fahrgästen etwas zu bieten. Und alles ohne Aufpreis. Man sollte jedoch seine Phantasie aus dem Spiel lassen und alles vollkommen nüchtern betrachten. Das schont Nerven und Geist. Man liest doch so viel über Busunglücke in aller Welt. Da verklemmen sich nach einem Sturz über 40 cm in die Tiefe die Türen, so dass niemand mehr aussteigen kann. Oder es sind keine Schwimmwesten vorhanden, wenn man sich aus einem von der Straße abgekommenen und in einem Stausee gelandeten Bus, welcher eine Sinkgeschwindigkeit von 2 m/s besitzt, befreit hat. Oder die bekannten Härtetests wo sich Fahrzeuge aller Art mit Bussen duellieren. Vielfach sind es auch nur Blechschäden, aber dann waren es meistens PKWs mit denen man kollidiert ist. Man stelle sich vor, man bekommt es nun mal mit einem beladenen Tieflader zu tun! Schnitt. Oder man denke nur an die Fliehkraftversuche auf Eis, wo die Wahrscheinlichkeit eines Zusammenstoßes mit einem Lichtmast oder ähnlichen unnützen Dingen ganze 95 % beträgt. Nicht zu vergessen die Sprintversuche. Und zwar führt die Strecke von einem vollgetankten, allerdings brennenden Bus ~~soweit man~~ ins Gelände. Ohne entsprechende Ausbildung und Ausrüstung hält man es als Komet aber nie länger als ein paar Minuten aus. Man muss nur schnell sein, dann passiert das auch nicht. Wie gesagt, Phantasie ist gut, aber bei einer Fahrt mit einem Rallyetyp unangebracht. Man kann seine Phantasie auch einsetzen, jedoch empfiehlt sich eine mehrjährige Ausbildung als Kampfschwimmer oder Testpilot für mittlere Bomber.

Es gibt aber auch Fahrer, welche die Fahrgäste schonen, jedoch nicht ihre Maschinen. Das sind die sogenannten Warenprüfer. Ihnen entgeht nichts. Der Motor samt Getriebe und alle irgendwie nur beweglichen Teile werden durch eine flotte Fahrweise auf Herz und Nieren geprüft. Mehr als das, auf den ersten Blick gesund erscheinende Teile erweisen sich schon bald als minderwertig. Somit wird den Ersatzteilen Genüge getan. Auch sie wollen verwandt werden. Wenn das Profil der Reifen nicht mal eine nonstop Belastung von knapp 60 m auf feinem Schotter aushalten, sind sie auch nichts wert. Oder was taugt ein Motor wenn man ihn durch eine Kupplung laufend vom Getriebe trennen muss? Mal ehrlich, nicht viel, denn es geht auch so. Man muss nur wollen. Und die Warenprüfer wollen. Und sie schaffen es. Eine Erschütterung der Stärke 3 der Richter-Skala mit einem Geräusch, welches verdächtig nach einer Explosion von 2 Pfund TNT klingt, zeugt davon, dass die Kupplung überflüssig war. Der Gang ist drin und los geht es. Und Gänge sind dazu da, dass man sie ausfährt. Verspürt man ein leichtes Vibrieren am Wagenboden, kann man schon annehmen, dass 50 % ausgelastet sind. Geht dieses Vibrieren nun in ein leichtes Flattern über (vergleichen kann man das mit einem 4motorigen Langstreckenbomber, kurz vor dem Abheben) und gesellt sich ein leichter Pfeifton von ungefähr 90 Phon dazu, kann man beruhigt sein. Das Flattern hört bald auf, der Pfeifton ist weg, allerdings muss man sich nun wieder mit Erdbeben und Explosionen abfinden. Jedoch nicht lange, periodisch kehren dann das Flattern und der Pfeifton wieder.

Es gibt aber auch Phasen der Erholung, Akklimatisierung würde der Fachmann sagen. Diese treten immer dann auf, wenn es aus welchem Grund auch immer nötig sein sollte anzuhalten. In solchen Phasen sehe man nach hinten und suche sich einen festen Standplatz. Nicht umsonst schnallen sich die Raumfahrer an wenn sie in die Atmosphäre eingedrungen sind und zur Erde rauschen. Der Blick nach hinten beschert einem dann einen herrlichen Anblick, keinen Ausblick. Der Ausblick wird durch ~~einen~~ diesen Anblick versperrt. Jeder hat schon mal Kriegsfilme gesehen wo man Nebelvorhänge gelegt hat um nicht gesehen zu werden. Genauso einen Nebelvorhang kann man betrachten. Er dient allerdings nicht der Tarnung, sondern das bringt eine Vollbremsung mit sich. Irgendwann kommt ein Sommer, und dann kann man die so entstandenen Slicks (profillose Reifen) einwandfrei einsetzen. Sollte sich jedoch ein Geruch von verbranntem Gummi breitmachen so schaue man nach Flämmchen. Sind diese auch vorhanden empfiehlt es sich die Rauchschutzmaske anzulegen und sich einen guten Startplatz für den Sprint zu sichern. Man sollte da keine Rücksicht nehmen, die Theorie von den zwei Leben ist durch kompetente Personen widerlegt worden. Sollten keine Flämmchen zu beobachten sein, kann man sich beruhigt um eine geregelte Frischluftzufuhr bemühen. Mit diesem Bestreben umgeht man eventuell auftretende Vergiftungserscheinungen.

Für Abwechslung beim Busfahren ist also gesorgt. Vertrauen sie sich diesen Könnern an, und schon nach ein paar Fahrten wird ihnen eine Expedition zum Kilimandscharo wie eine Lappalie erscheinen. Auch eine Großwildjagd mit Pfeil und Bogen verblasst ~~hinter~~ unter diesen Eindrücken. Wer Bus fährt, kann am Ende seines Lebens sagen: „Du hast was erlebt". So wird es mir wahrscheinlich auch gehen, vorausgesetzt ich bin reaktionsschnell, geistesgegenwärtig, unempfindlich und vor allem schnell genug um alles ohne Schaden zu überstehen. Eine kleine Korrektur sei mir noch erlaubt. Mein Anfang lautete: Nicht alle Linienbusse sind gleich. Besser ausgedrückt: „Bus bleibt Bus, nur die Fahrer sind verschieden". Mit einem Sport frei auf den Lippen und viel Glück wünschend verbleibt

Ein Fahrgast.

Du

Die Sterne leuchten im Himmelsreich

und ich träume wir sehen uns gleich.

Dich zu bekommen, zu hören, zu sehen,

das ist das was ich brauch.

Wir werden ja sehen.

Liebe und Schicksal

Langsam schob sich die glutrote Scheibe der aufgehenden Sonne über den Horizont hinaus und tauchte alle Dinge in ein fahles, noch mattes Licht. Kleine Wolken von Insekten schwirrten auf, als sie das wärmende Licht erreichten. Nun bewegten sich diese Tiere wogend in der Luft und ließen sich vom warmen Sommerwind treiben. Langsam, ganz langsam wurden die Schatten kürzer und die kleinen Tauköpfchen auf den Gräsern glitzerten noch einmal kurz auf, bevor sie von den für sie unbarmherzigen Strahlen aufgesogen wurden um wieder in den Kreis der Natur eingereiht zu werden. Zurück blieben unsichtbare Flecken auf den Grashalmen. Die Wiese leuchtete nun in einem satten Grün, genau wie nach einem Sommerregen. Ein Schmetterling ließ sich auf dem Gesicht der Person nieder, welche auf dieser Wiese, zusammengerollt in eine Decke, schlief. Noch hatte es die Sonne nicht vermocht ihn zu wecken. Was diese ungeheure Energiequelle nicht geschafft hatte, vollbrachte nun ein kleiner, unscheinbarer, aber hübsch gemusterter Schmetterling. Frech ließ er sich auf dem Gesicht nieder um zu verschnaufen. Und genau diese ~~Bewegung~~ rührung ließ Pam erwachen: Blinzelnd blickte ich in den noch jungen Tag. Ich brauchte einige Sekunden um mir zu vergegenwärtigen wo ich bin. Dann war mir alles wieder klar. Ich lag hier auf der Wiese, weil ich einen Riesenfehler gemacht hatte.

Als wir gestern losfuhren, hatten wir es mächtig eilig. Wir, das waren Mick, Erbse und ich. Nun war ich alleine. Und durch die blödsinnige Idee die ausgeschilderte Umleitung einfach zu ignorieren, war ich es auch die ganze Nacht lang. Wir gedachten einige Kilometer zu sparen, wenn wir die alte Strecke fahren würden, nun, es war nun bloß Mick und Erbse vergönnt. Ich lag hier mit gebrochenen Kolbenringen und war mutterseelenallein. Bis zum nächsten Ort mussten es wohl noch knapp 6 km sein, ~~knapp~~ 16 hatte ich gestern schon bewältigt, allerdings durch Muskelkraft. Da sich der Rest des Verkehrs an die Umleitung hielt, war diese Straße vollkommen tot. Nicht mal ein launiger Radfahrer ließ sich sehen. Nur meine schwarze Zwei-fünfer stand aufgebockt am Straßenrand und schien mitleidig zu schauen. Warum diese verfluchten Ringe aber auch gerade auf dieser dämlichen Straße brechen mussten? Mick und Erbse waren bestimmt schon dort, wo wir zu dritt zu erscheinen gedachten, in Potsdam, genauer gesagt in einer schön gemütlichen Wohnung von einem noch schöneren Mädchen. Und sie ~~würden~~ waren gewiss auf ihre Kosten gekommen, ich dagegen! Naja, es blieb ja noch der Polterabend und die Hochzeit von Pitti. Diese fand in ein paar Tagen in Suhl statt, und Potsdam war so eine Art Zwischenstation, jedenfalls dachte ich das eine ganze Zeit lang. Pitti war aus demselben Holz wie wir. Lustig, jung und okay. Sie hatte eben nur den Fehler gemacht sich ernsthaft zu verlieben. Nun schien sie durchzudrehen. Dabei lagen noch zwei Studienjahre vor ihr! Nein, sie wollte ihn heiraten. In ein paar Tagen war es also so weit. Sie würde sich aus unserer Clique abheben, zumindest was den Goldgehalt der ~~linken~~ rechten Hand betraf. Aber man soll nicht im Leben anderer rummurksen, das bringt nichts.

Wir waren zu ihrer Feier eingeladen und kamen liebend gerne. Wir gedachten ihr die letzten ledigen Stunden zu versüßen. Aber um das tun zu können, musste ich erstmal da sein. Noch stand ich aber hier und ließ mich von der steigenden Sonne wärmen. Ich hatte mir ja meine Semesterferien etwas anders vorgestellt, aber gegen das Schicksal bin ich machtlos. Aber das es gerade in dieser gottverlassenen Gegend zuschlug! Irgendwo hinter Angermünde musste ich sein, der nächste Ort hatte den klangvollen Namen Protzdorf, das jedenfalls sagte meine Taschenkarte. Hoffentlich hielt das Nest auch was der Name versprach. Gebrauchen könnte ich es. Ich packte meine wenigen Sachen in die Segeltuchtasche und klemmte diese auf meiner Maschine fest. Ziemlich lustlos zog ich ab. Die Maschine wurde mit jedem Schritt schwerer, ich kroch förmlich über den Asphalt.

Die Sonne war nun gestiegen und verbündete sich mit dem Schicksal, welches gegen mich war. Unbarmherzig brannte sie auf meinen Nacken und zwang mich bald mir eine Blöße zu geben. Ich hielt an und zog mir das karierte Baumwollhemd aus. Dieses stopfte ich zu meinem Kram. Die Linderung war von kurzer Dauer, bald schwitzte ich wieder wie in der Sauna. Als das Dorf in Sicht kam, hatte ich mich an dreihundert vierzehn Bäumen vorbeigeschoben. Um die Zeit totzuschlagen, war mir nichts Sinnigeres eingefallen. Das Ortseingangsschild leuchtete grellgelb und verkündete, dass man nun in Protzdorf sei. Nun denn. Hier machte alles einen ziemlich verschlafenen Eindruck. Nur ein paar Hühner lärmten. Ansonsten war alles ruhig, obwohl es schon fast zehn Uhr war. Ich schob meine Maschine an den Rand der Straße und ließ sie dort stehen. Dann zog ich los um menschliches Leben zu suchen. Der sicherste Ort dieses zu entdecken schien mir der Konsum. Nachdem ich diesen ausgemacht hatte, strebte ich dorthin. Das hatte zwei Gründe. Erstmal hatte ich Hunger, und dann brauchte ich eine helfende Hand, oder zumindest eine Auskunft wo sich so etwas auftreiben ließe.

Der Konsum wurde gerade geöffnet als ich dort ankam. Ein typischer Tante Emma Laden, aber hübsch und sauber gehalten. Ohne Scheu trat ich ein, besorgte das Notwendige und platzte beim Bezahlen mit meinem Anliegen heraus. Die Frau war ganz verständig und sagte was sie musste. Viel war es zwar nicht, aber ich war für jeden Tipp dankbar. In diesem Dorf gab es keinen KFZ-Punkt. Aber etliche Kilometer weiter gab es einen. Das war mir zu weit. Aber da wäre noch die LPG, die fahren doch auch mit so Maschinen, da wollte ich es mal versuchen.

Da mir nichts weiter übrig blieb, dankte ich und zog los, zur LPG. Den Weg dorthin hatte ich mir beschreiben lassen. Ich ließ einige ziemlich baufällige Häuser hinter mir und stieß dann auf mein Ziel. Dem Geruch nach mussten die hier Schweine mästen oder so was. An dem war es dann auch. Einen herumlungernden Bauern fragte ich nach dem Chefbüro, aber dieser sah mich nur mit glasigen Augen an. Wahrscheinlich hatte er mich gar nicht verstanden. Das Büro fand ich trotzdem. Ein ländlich angezogener Mensch von knapp 50 Jahren blickte mich über die Ränder seiner Lesebrille hinweg an, als ich eintrat. Der Blick war freundlich, also erzählte ich ihm meine Geschichte, wobei ich alles etwas übertrieb um Wirkung zu erzielen. Als Antwort bekam ich ein langgezogenes „Tjaaah" zu hören. „Meister", sprach ich weiter „es ist echt dringend". „Setz Dich". Ich tat wie mir geheißen. „Hör zu, ich will sehen, was sich machen lässt, aber es kann vor Mittag nicht losgehen, meine Leute sind alle unterwegs. Das Beste wird sein, Du holst deine Mühle erstmal hier her. Dann sehen wir weiter. Was machst Du eigentlich so?" Ich legte los. Nach zehn Minuten wusste er von mir so ziemlich alles, vom Taufpaten angefangen. Meine Geschichte schien ihn zu amüsieren, er grinste lange und vieldeutig. „Junge, Du bist in Ordnung, hol deine Karre, wir machen sie wieder flott". Ich stob davon und war nach zwanzig Minuten wieder zur Stelle. Er besah sich meine Maschine und sein Gesicht wurde noch offener. Den Grund dafür erfuhr ich auch bald. „Früher, also bis vor kurzem bin ich selber gefahren, und das mit Leidenschaft. Es war mein Hobby bis zu dem Zeitpunkt wo mein Sohn ~~mit~~ verunglückte, auch auf so einem Ding". Sein Gesicht nahm einen härteren Ausdruck an. „Seit dem Tag bin ich nie wieder gefahren. Aber genug, es ist vorbei, wo muckt sie denn?" „Beide Kolbenringe" ließ ich verlaufen. Der Mann war tatsächlich ein Könner auf seinem Gebiet.

In weniger als fünf Minuten lag der Kolben zerlegt auf einem öligen Lappen vor mir. Ich konnte bloß staunen. „Meister, ich finde, sie verstehen ihr Handwerk. Kompliment" hörte ich mich sagen. „Ach Quatsch, komm wieder runter, ich hab's lange nicht mehr gedurft, deswegen bin ich so eifrig dabei. Aber ich kann dir helfen. In meiner Werkstatt Zuhause liegt ein Haufen Kram rum, auch Kolbenringe. Ich brauche den Krempel ja doch nicht mehr, mal sehen was Du so alles gebrauchen könntest". „Aber mir reichen Kolbenringe" hob ich an, dann fiel er mir ins Wort. „Quatsch, Du kannst noch mehr gebrauchen, wirst schon sehen!" Ich war überzeugt und hielt es für besser nicht mehr zu widersprechen. Der Mann war Gold wert und irgendwie bewunderte ich ihn. „Wie heißt Du eigentlich" fragte er. „Man nennt mich Pam" lautete meine Antwort. „Angenehm Pam, nenn mich Kurt." Dabei schlug er mir freundschaftlich auf die Schulter und grinste. „Jetzt kommst Du mit was essen, und dann bauen wir deine Honda". Ich war einverstanden und wir gingen.

Im Dorfkrug schlug ich mir den Magen voll und trank zwei, drei Bier. Zwischendurch musste ich Kurt immer noch mehr von mir erzählen. Ich tat es gerne. Er ließ es sich auch nicht nehmen für mich zu zahlen. Wir gingen zurück und holten die Maschine. „Ich wohne nur ein paar Schritte entfernt". Die paar Schritte entpuppten sich als strammer Kilometer. Sein Haus lag am anderen Ende des Dorfes und machte einen soliden Eindruck. Riesige Buchen standen hinter dem Haus und nahmen einen ziemlichen Teil des gewiss nicht kleinen Gartens ein. Es gefiel mir auf Anhieb. Als ich seiner Frau die Hand schüttelte, keuchte ich immer noch. Anschließend gingen wir in den Hof und ich durfte mir seine Werkstatt ansehen. Was Kurt mir vorher erzählt hatte, war glatte Untertreibung. Jeder KFZ-Mechaniker wäre vor Neid erblasst. Es war wirklich alles vorhanden was man irgendwie gebrauchen konnte. „Wie im Westen" entfuhr es mir. Kurt sagte nichts sondern wühlte in einer Schublade. Das Einbauen der neuen Kolbenringe war eine Minutensache. Damit war die Sache für mich erledigt. Aber nicht für Kurt. Er fieberte förmlich nachdem er die ersten Handgriffe getan hatte. Es wurde eine Generalüberholung. Ich stand nur da und staunte. Kurt wechselte einige Speichen, erneuerte das Öl, fettete die Lager, zog Schrauben an, maß den Luftdruck. Zu guter Letzt zauberte er aus einer Truhe zwei chromblitzende Seitengepäckträger und fing an sie wortlos zu montieren. Ich musste mich setzen. Mir wurde unheimlich. Warum tat der Mann das alles? Er kannte mich doch kaum. Ich war ein Fremder und auf der Durchreise. Trotzdem tat er das alles. Und er tat das alles mit einer Hingabe und einem Eifer als ob es für ihn wäre. Oder zumindest für seinen Sohn. Na klar, das war es. Er behandelte mich in diesem Augenblick wie seinen verunglückten Sohn. Er tat es nicht mir zu Liebe, sondern für seinen Sohn. Und in diesem Augenblick war ich sein Sohn. Die Lösung war also verblüffend einfach, - wenn sie stimmte. Aber etwas anderes kam eigentlich nicht in Frage. Ich hatte einfach Glück gehabt, das war mir nun klar. Und ich begann ihn gern zu haben. So etwas soll es ja geben.

Es war 19 Uhr als er fertig war. Wie neu sah meine Maschine aus, und nachdem was Kurt an ihr geleistet hatte, war sie es wohl auch. „Brauchst Dich nicht zu bedanken, habe ich gerne getan" war Kurts einziger Kommentar zu der Sache. „Weißt Du was Pam, in knapp einer Stunde kommt meine Tochter, dann machen wir es uns gemütlich. Es lohnt sich ja doch nicht weiterzufahren, jedenfalls nicht solange es regnet." Tatsache, es regnete, ich hatte das nicht bemerkt. Obwohl ich lieber weiterwollte, sagte ich zu; das war das Mindeste was ich tun konnte, um einen kleinen Teil meines Schuldenbergs abzutragen. „Und wo kann ich mich breitmachen?" fragte ich. „Kein Problem" antwortete Kurt. „Du schläfst in dem Zimmer von meinem Sohn, Platz ist genug." „Einverstanden." Kurt grinste, schlug mir wiederum auf die Schulter und zog mich mit sich. Im Haus wuschen wir uns dann und begaben uns ins Wohnzimmer. In der Ecke glimmerte ein Fernseher. In einem weichen, schwarz bezogenen Sessel ließ ich mich nieder. Aus der angrenzenden Küche tönten bekannte Klänge. Kurts Frau machte wohl Abendbrot. Kurt selber stellte mir wortlos einen halben Liter Staropramen auf den Tisch und ließ mich sitzen bleiben, als ich Anstalten machte, ihm beim Decken des Tisches zu helfen. Ich kam mir hilflos vor. Wer war ich nun? War ich Pam der Student, oder ein Bauernsohn? Die Entscheidung fiel mir nicht leicht, aber ich einigte mich mit mir selbst auf Pam. Die Geräusche in der Küche verklangen und seine Frau tafelte auf. Dabei hatte ich Gelegenheit sie mir näher zu betrachten. Kurts Frau war eine attraktive Mittvierzigerin mit schütterem Haar und einem offenen Gesicht. Ihre Hüften fielen vielleicht etwas breit aus, aber alles in allem war sie attraktiv. Ich durfte also auf die Tochter gespannt sein. Wenn Kurts Voraussage stimmte, musste diese ja bald auftauchen.

Der Tisch war gedeckt, die Kerzen brannten, aus einem Tonband tönte Country-Musik. Aus all' dem konnte man schließen, dass meine neuen Bekannten ihre Tochter vergötterten und diese nicht allzu oft anwesend sein konnte. Als ich mein Bier ausgetrunken hatte, klappte eine Tür. Sie kam also. Alles erhob sich zur Begrüßung, und um nicht aufzufallen, erhob ich mich ebenfalls. Aus dem Korridor tönte „Huhu, ich bin's", gleich darauf öffnete sich die Wohnzimmertür. Ich erstarrte. In der Tür stand ein Wesen von vollendeter Schönheit. Lange, schwarze Haare umrahmten ein vollkommenes Gesicht. Eine Reihe blendend weißer Zähne und zwei nussbraune Augen strahlten ins Zimmer. Ich fühlte mich schwach werden. Nicht nur das Aussehen war vollkommen, sondern auch die Bekleidung. Eine mit Lochstickereien durchbrochene, weiße Bluse stand im Kontrast zu den schwarzen Haaren und der dunkelblauen Kordhose. Nicht dass die Bekleidung besonders originell war, aber zu diesem Mädchen konnte ich mir nichts Passenderes vorstellen. Mühsam riss ich meinen Blick von den vollendeten Konturen, welche sich mir wie ein Blitz aus heiterem Himmel offenbart hatten. Ich zweifelte an meiner Sehkraft. Aber als mir das Mädchen die Hand gab und mich begrüßte, nachdem sie ihre Eltern herzlich umarmt hatte, wachte ich wieder auf. Sie existierte wirklich. Ich spürte noch den sachten Druck ihrer schmalen, warmen Hand in meiner. Ich muss mächtig blöd in der Stube gestanden haben, denn sie fragte mich „Sag mal hab' ich Dich erschreckt, Du guckst so komisch". „Nein, nein" beeilte ich mich zu versichern. „Alles in Ordnung". „Na fein" sagte sie. Wir setzten uns, und glücklicherweise saß mir Kurt gegenüber und nicht seine Tochter, im umgedrehten Falle wäre ich wohl kaum zum Essen gekommen. Trotzdem war ich leicht gehemmt, das spürte ich. Aber was tun? Zuerst redete ich ziemlichen Müll, aber so recht bewusst wurde mir das nicht. Irgendwas stimmte nicht mit mir. Nachdem ich noch zwei Bier getrunken hatte, fühlte ich mich sicherer. Nun konnte ich anfangen meine gemachten Fehler auszubügeln, ich wollte nicht als ausgemachter Idiot angesehen werden. Die Zeit verging. Kurt und seine Frau verabschiedeten sich gegen Mitternacht. Ich ließ mir von Kurt noch mein Zimmer zeigen und dankte ihm für alles. Ich hatte schon fast vergessen, dass ich eigentlich unterwegs war.

Dann waren wir allein, Studenten unter sich. Jeannette war Studentin für Maschinenbau und mischte sich in Magdeburg unter die Leute. Zu den Wochenenden fuhr sie zu ihren Eltern um sich zu erholen. Sie war eine faszinierende Erscheinung. Direkt, offen, intelligent. Sie verstand zu reden und das gefiel mir. Ich mag keine Frauen, die nur allgemein rumsülzen und bei jedem Mist anfangen zu kichern. Solche Typen gab es in meiner Seminargruppe, und ich fand sie zum kotzen. Obwohl sie alle intelligent waren, gaben sie sich teilweise recht primitiv, darum blieb ich auf Distanz. Aber bei Jeanette war das anders. Seltsame Dinge gingen in mir vor. Vielleicht lag es am Alkohol, aber dann hätte ich es nicht so klar mitbekommen können. Ich musste mir eingestehen, dass ich verliebt war. Knapp sechs (?) Stunden hatte ich dazu gebraucht. Ich fühlte mich glücklich.

Irgendwie gab sie mir das Gefühl von Geborgenheit. Das hatte ich zu lange vermisst um es nicht sofort bemerken zu können.

Ja, ich war verschossen in dieses Mädchen welches ich ~~knapp~~ seit sage und schreibe sechs (?) Stunden kannte. Einfach unglaublich. Wir verstanden uns großartig. Es war wie in einem Traum, alles passte zusammen. Nun kannte mein Glück keine Grenzen mehr. Ich umarmte sie und küsste sie. Sie ließ es mit sich geschehen und sah mich träumerisch an. Ich nahm mir vor noch einen Tag zu bleiben, ich konnte nicht anders. Als ich sie fragte ob ich nicht mit auf ihr Zimmer kommen könnte, fasste sie mich bei den Händen, küsste meinen Mund und sagte nur „Später, noch ist es zu früh". Diese Worte klangen wie Glöckchen in meinen Ohren. Also auch das stimmte, ich hatte eine nahezu ideale Frau gefunden. Das war mehr als ich erwarten durfte. Wir küssten uns und gingen schlafen, jeder in seinem Zimmer. Kurze Zeit spielte ich mit dem Gedanken sie einfach zu überfallen. Aber ich ließ es sein. Erstens würde es primitiv sein und zum anderen müsste ich damit alles gefährden. Und das wollte ich nicht. Ich lag noch einige Zeit wach in meinem Bett und dachte über mein unverhofftes Glück nach. Mit einem Gefühl der vollkommenen Zufriedenheit schlief ich ein.

Ein Klopfen an meiner Tür weckte mich am nächsten Morgen. Die Sonne stand hoch am Himmel, es war bereits elf Uhr. Nach einer kurzen Morgentoilette war ich wieder frisch und zu allem bereit. Jeanette war mir noch nicht begegnet, ich traf sie beim Frühstück. Wie aus einem Guss und zauberhaft anzusehen saß sie am Tisch und trank ihren Kaffee. Von Kurt und ihrer Mutter war keine Spur zu entdecken. Von Jeanette erfuhr ich, dass sie zu Bekannten seien und erst am Abend zurückkehren wollten. Das war ohne Zweifel eine gute Nachricht, obwohl ich Kurt mochte. Wir begrüßten uns und nachdem ich mich gestärkt hatte, machten wir einen Plan für den Tag. Ein paar Kilometer vom Dorf entfernt gab es einen See, nicht groß, aber sauber. Dorthin wollten wir. Wir packten die nötigen Sachen und schlossen das Haus ab. Ich trat meine Maschine an und wir fuhren los. Sie schmiegte sich an mich und ich wagte kaum zu atmen, als ich ihren Körper an dem meinen spürte. Ich musste mich echt auf die Straße konzentrieren, was mir gar nicht so leicht fiel. Wilde Gedanken jagten durch meinen Kopf. Ich sah mich bereits als gefeierter Casanova. Dass dies purer Blödsinn war, wusste ich, aber ich konnte diese Gedanken nicht so leicht loswerden. Von einem normal entwickelten Mann kann ja wohl auch keiner verlangen, dass er an seine Gewinnchancen im Lotto denkt, sobald er einen weichen und warmen Körper im Rücken spürt. Ich konnte es nicht.

Zum Glück kam der See in Sicht und ich durfte anhalten. Es war ein herrlicher Tag, wie für uns geschaffen. Unter dem riesigen Schatten einer Erle bezogen wir Quartier. Wir sahen wohl ziemlich verliebt aus, denn in unserer Nähe ließ sich niemand weiter nieder. Ein Recorder duselte vor sich hin und wir lagen Seite an Seite, uns in die Augen blickend. Sie hatte wahrhaft wunderschöne Augen. Etwas Warmes und Herzhaftes lag in ihrem Blick. Man musste sie gerne haben. Ich dachte nicht mehr an Pitti und ihre Hochzeit, nicht mehr an Mick und Erbse, die irgendwo in Potsdam rumrandalierten, ich dachte nur noch an sie. Ich erkannte mich nicht wieder. Es wurde ein wundervoller Nachmittag, und als wir zurückfuhren war ich mir sicher, dieses Mädchen näher kennenlernen zu müssen. Ich hatte aus meinen Gefühlen keinen Hehl gemacht. Und war auf Gegenliebe gestoßen. Wir brachen früher auf um vor ihren Eltern zu Hause zu sein und noch etwas Zeit für uns zu haben. Ich spürte, dass es geschehen würde. Ein Traum von einer Frau war bereit mich zu lieben. Das musste ich erstmal verdauen. Als wir vor dem Haus hielten, war ich damit noch nicht ganz fertig. Als ich die Maschine auf den Hof schieben wollte, stellte ich fest, dass meine Segeltuchtasche unterwegs verloren gegangen war. „Jeanette sei nicht böse, ich muss nochmal zurück, wichtige Dinge aufsammeln. In ein paar Minuten bin ich wieder da." Ich schwang mich auf mein Motorrad und raste los. Wenige Kilometer weiter lag meine Tasche unversehrt auf der Straße. Ich wendete also und fuhr zurück. Nun konnte mich nichts mehr abhalten, aber auch nichts mehr!

Als es geschah, hatte ich noch knapp 70 Sachen drauf. Aus heiterem Himmel tauchte vor mir eine Zugmaschine auf. Diese kam aus der einzigen Querstraße im Dorf, und diese lag kurz vor Jeanettes Haus. Was dann folgte, war eine Sache von Sekundenbruchteilen. Ein Ausweichen war unmöglich, dazu war ich zu nahe dran. Ich machte eine Vollbremsung. Meine Maschine kam ins Schleudern und ich stürzte. Schützend hielt ich die Hände vor das Gesicht während ich das Kopfsteinpflaster entlangschlitterte. Ich krachte gegen das Vorderrad der Zugmaschine. Eine Zehntelsekunde später traf mich der Lenker meiner Maschine und bohrte sich in meine Brust. Ich hörte es knirschen, gleich darauf schwand mir das Bewusstsein.

Als ich zu mir kam, kniete Jeanette an meiner Seite und hielt meine Hand. Ihr Gesicht war nass von Tränen. „Pam, Pam!" Ich versuchte zu sprechen, aber es entsang sich meiner Kehle nur ein gurgelnder Laut. „Bleib ruhig, die Ambulanz ist gleich da" schluchzte sie unter Tränen. Plötzlich spürte ich keinen Schmerz mehr. Es war als ob nichts geschehen wäre. Ich war glücklich, zufrieden und schläfrig. Mein Leben zog an mir vorbei, die Gesichter meiner Eltern tauchten auf, ich begegnete meiner ersten Liebe. Alles war so ruhig und friedlich. Ich spürte, dass es mit mir zu Ende ging. In der Ferne heulte ein Martinshorn. „Sie würden zu spät kommen", ich wusste es. Mit meiner letzten Kraft drückte ich Jeanettes Hand und versuchte zu lächeln. Dann war nichts mehr. Ein milchiger Schleier legte sich mir ums Bewusstsein und erdrückte es. Dann war alles dunkel.

Jeanettes Tränen, die mir auf das Gesicht tropften, spürte ich schon nicht mehr.

Sie berühren meine Gefühle

Sie fangen meine Blicke und entflammen
mein Herz,
Sie benetzen meine Seele und erregen mein
Gemüt,
Sie berühren meine Gefühle und betören
meine Augen,
Sie fließen über Deine Wangen und machen mich glücklich,
Sie – die Tränen der Freude.

Die Liebe

Sie ist durch nichts zu ersetzen.

Die wahre Liebe ist absolut.

Sie verbindet die Menschen auf verschiedenste Weise.

Wer die Liebe missachtet ist kein Mensch, er ist ein Etwas, einsam und allein.

Heilige Dinge werden durch sie behandelt.

Sie öffnet die stärksten Gitter und Tore.

Sie überwindet Untiefen und Klippen.

Sie vermag, was keine Macht der Erde jemals vermögen kann.
Sie ist der Lohn des Lebens.

Ein Sonnabendvormittag

Wie jeden Morgen schrillte um 6 Uhr die Glocke. In dem vertrauten Ton: laut und unüberhörbar. Dieses Geräusch lässt jeden erwachen. Es ist eingefleischt und gehört zum Leben hier. Jeder weiß was dieser Ton bedeutet. Er kündigt einen neuen Tag an. Um dem DHS bei seinem Gang durch die Zimmer nicht unangenehm aufzufallen, springe ich also unwillig und müde aus meinem Bett, schlüpfe in meine Latschen und täusche Geschäftigkeit am Spind vor. Das Türenklappen kommt näher, sprich der DHS. Ein Gebrülle im Nebenzimmer sagt mir, dass jemand wohl etwas langsamer gewesen sein muss. Das ist das Zeichen für den Rest der Mannschaft sich zu erheben. Hauptsache man liegt nicht mehr im Bett wenn der Mensch die Tür aufreißt und sein „Guten Morgen, Genossen" in den Raum schmettert. Genau das tritt ein, doch da sich alles schon außerhalb der Kojen abspielt ist sein Auftritt kurz und bündig. Ich bin noch mit mir und meinem Schrank beschäftigt. Verzweifelt krame ich nach meiner Zahnbürste und finde sie auch, zwischen meinem Schreibkram. Die Zahncreme ist nicht aufzutreiben, dafür bekomme ich den Becher zwischen die Finger, welchen ich sowieso nicht benötige. Also bitte ich jemanden mit schläfriger Stimme um 2 cm Zahncreme auf das Werkzeug zu tun. Passiert auch postwendend. Die Zahnbürste mit der Rechten umklammernd und mit der linken im Haar rumfahrend, trete ich auf den Flur und bewege mich in Richtung Waschraum. Die dritte Tür rechts muss es sein. Richtig, hier ist es.

An den Waschbecken hängen halb angezogene, aber verschlafene Gestalten und wirken stumm vor sich hin. Nur ab und zu sind ein genüsslicher Morgenfurz und ein noch genüsslicheres "Aaaah" zu hören. Mit sicherem aber schlürfenden ~~Blick~~ Schritt halse ich zu einem freiem Waschbecken, drehe den Wasserhahn auf, halte den Finger samt Zahnbürste darunter, sage meinen morgendlichen Spruch „Scheiße, wieder so kalt", fasse den Entschluss es beim Zähneputzen zu belassen und keinen großen Wirbel zu machen und beginne die Zahncreme gleichmäßig im Mund zu verteilen. Ist die Zahncreme dann von der Bürste runter, wird diese abgespült und der Mund mit Wasser gereinigt. Damit ist die morgendliche Prozedur des Waschens beendet.

Begebe mich also wieder in meine Bude, schmeiße meinen Waschkram, sprich Zahnbürste in den Spind und beginne mich anzuziehen. Inzwischen hat schon jemand ein Radio auf Lautstärke gekurbelt und das hilft etwas wach zu werden. Nachdem ich mein Unterzeug an habe, vernehme ich den Hilferuf meiner Lunge. Und Hilfe zu geben gehört zu den simpelsten Lebensformen. Also, eine Karo muss her. Nachdem die erste Flamme des Streichholzes verloschen ist, verbreitet sich im Raum ein gewohnter Geruch, und in meiner Lunge der Rauch. So eingestimmt kann man sich dann weiter anziehen. Es ist auch fast geschafft und ich bin fast klar im Kopf. Nun frage ich mich wo der Frühsport geblieben ist. Ein Blick auf das Datum belehrt mich. Es ist wieder mal Sonnabend. Wie schön.

Ich lasse mich also erst einmal auf einen Hocker fallen und knicke die Karo um. Jetzt hat man erst mal seine Ruhe, für ein paar Minuten. Kurz vor dem Raustreten fällt mir ein, dass auch die Koje ihr Recht verlangt. Also mal hier gezogen, mal dort gestaucht und die Koje ist gelaut. Wieder was geschafft. Nun ist es aber Zeit. Der Kolani wird übergestreift und die Mütze auf dem Kopf verstaut. Die Hände im Bunker und ein paar Leuten guten Morgen sagend, tritt ein Haufen Matrosen den Marsch zum Frühstück an, manchmal sogar so wie es sein sollte. Die Kälte zieht durch die Kleidung und in die Glieder. Außer ein paar deftigen Flüchen und dem Schlürfen der Stiefel im Schnee ist nicht viel zu vernehmen. So marschiert die Truppe also weiter. Vor dem Stabsgebäude werden dann die Hände aus den Taschen genommen, man kann ja nie wissen. Sobald dieses unheimliche Gelände vorbei ist, frieren die Hände, und da hilft nur ein ....!

Die Kombüse rückt in das Blickfeld. Die fünf Knöpfe vom Kolani werden geöffnet um beim Sturm auf das Essen Zeit zu sparen. Noch vor Betreten der Kombüse hat man den Kolani in der einen und die Essensmarke in der anderen Hand. Schnell alles auf den Kleiderständer gehängt und ran an die Theke. Mit einem Arm voll Essen knalle ich mich auf meinen Platz und stelle fest, dass ich doch nicht den richtigen Hunger habe. Aber Essen muss sein. Also erst mal eine Tasse braune Brühe zur Betäubung der Magenwände geschluckt. So narkotisiert hält der Magen nun eine ganze Menge aus. Zwei Brötchen mit Marmelade und zwei Eier müssen dran glauben. Dann reicht es mir. Wurst ist heute nicht in. Die Frage an andere ob sie noch Wurst benötigen, erübrigt sich, die vollen Teller sagen alles. Die Schweine wollen auch leben. Gemeinsam erheben wir uns und hauen den Rest des Frühstücks in einen Riesenkübel. Das Antreten draußen ist dann schon Routine. Abmarsch gen Heimat. Das gleiche Spiel, die gleichen Worte, nur mit vollem Magen. Unten angekommen folgen die obligatorischen Erholungsminuten, auf Deutsch Rauchpause. Reinschiff fällt aus, weil nachher sowieso Großreinschiff ist. Warum überarbeiten. Noch knapp eine halbe Stunde bis zum Raustreten. Wieder nur rumhängen. Diese Langeweile wird zum Problem. Da hilft nur noch die Koje, denn 30 Minuten sind besser als gar nichts. Ausführung. Der Ruf „Raustreten zur Morgenmusterung" lässt mich aufhorchen und raustreten. Eine lange Reihe lümmelt sich an der Wand und wartet auf den Chef. Hört man draußen die Tür klappen, werden in aller Gemütsruhe die restlichen Kippen ausgedrückt und die Stiefel nochmal an der Hose poliert. Ohne Umschweife kommt der Oberfähnrich zum Ablauf. Uns ist der ja bekannt, aber Ordnung muss sein. Einteilung zum Großreinschiff. Heute mal Schwein gehabt. Auf mich wartet das Zimmer des Kl. bis um 11, also 3 Stunden hab ich dazu Zeit. Ein grober Arbeitsüberschlag sagt mir, dass die Angelegenheit in 30 Minuten abgewickelt sein wird. Doch was dann? Schon wieder Ruhe, zum Heulen. Aber irgendwie wird auch diese totgeschlagen werden. Erst einmal ausruhen, bevor man beginnt sich und seine Gesundheit wie einen Teppich zu behandeln. Also ins Zimmer, bequeme Stellung gesucht und erst einmal eine Karo durchgezogen. Und siehe da, die Rauchschwaden haben sich noch gar nicht richtig im Zimmer verteilt, findet sich auch der Rest der Mannschaft ein. Absolute Ruhe im Gebäude zeugt vom Beginn des Großreinschiffs. Gegen halb neun, der Gesprächsstoff ist erschöpft, sehe ich mich trottend in Bewegung und lange auch bald beim KC an. Bronzie hat, vorsorglich wie er ist, das Zimmer für mich schon geöffnet, auf Deutsch heißt das: Abmelden nach Beendigung der Arbeiten. Unter dem Motto „Gut Ding will Weile haben" bin ich auch bald voll in Action. Von Überschlagen kann keine Rede sein, doch gegen 9 Uhr ist der knapp 10 qm große Raum mit dem Besen bearbeitet. Jetzt folgt sozusagen der Härtetest. Einbohnern und Polieren. Unverdrossen beginne ich auch diesen Teil. Schön vorsichtig und sorgsam verteile ich etwas Bohnerwachs auf das wellige, vom vielen Treten zerstampfte Linoleum. Um Kreislaufschäden oder einem verfrühten Schwächeanfall vorzubeugen, muss ich mich erst mal ausruhen. Ich überschlage die Zeit und stelle fest, eine Pause steht mir zu. Bei Nachfragen schiebe ich einfach alles auf das Bohnerwachs. Er muss erst noch einziehen. Und da man selbst dem billigsten Bohnerwachs nicht ansieht wann er eingezogen ist, ist dieses Alibi orkanfest.

Also ab ins Zimmer, die für ein paar Minuten gier aufgekommene Geschäftigkeit hat sich auch hier schon längst wieder gelegt. Alle haben die Sinnlosigkeit des Überarbeitens eingesehen und sitzen vor ihrem dampfenden Kaffee. Mit einem lauten

„Hallo" hänge ich mich in die Kaffeerunde und brühe mir auch einen Lebenstrank auf. Alles überlegt sich wie wohl die Zeit bis zum Mittagessen am besten gekillt werden könnte. Es ist inzwischen halb zehn. Gegenseitige Befragungen führen zu einem niederschmetternden Ergebnis. Es gibt keine befriedigende Lösung. Ich für meinen Teil halte mich da erst einmal raus und setze mich bequemer. Die Möglichkeit bot sich, als sich jemand von seinem Hocker und in sein Bett wälzte und schläfrig brummte. „Leckt mich doch am Arsch". Der Erste hatte also schon eine Lösung gefunden. Ich setzte mich auf meinen Hocker, drehte den Rücken zum Fenster, lehnte meinen Kopf samt Decke auf das Fensterbrett und knallte meine behausschuhten Füße auf einen anderen Hocker. Mein Kreuz wurde durch die wärmende Zentralheizung gestützt und erwärmt. So aufgebaut, ließ es sich aushalten. Der Gedanke an das Aufstehen rückte in weite, fast unerreichbare Ferne. Das ging auch eine Weile gut. Mein Kaffeesatz begann schon Risse zu zeigen, als eine dröhnende Stimme mich reagieren ließ. Mit dem leichten Flöten eines Walrosses hatte Bronzie nach mir verlangt. Dieser Aufforderung nicht nachzukommen war gleichbedeutend mit unabbaubaren Minuspunkten. Also hoch und Mütze geschnappt, Stiefel an und raus. Wie ein Tarzan in Uniform, die Mütze schief auf dem Kopf, empfing mich Bronzie und fragte: „Na mein Junge, schon fertig?". Ich tischte ihm die Bohnerwachsstory auf und wollte mich gerade in Einzelheiten über das Blankbohnern von Räumen verlieren, als er mir ins Wort fiel und sagte: „Nu mach schon". Damit war es raus. Mit der Miene eines hungrigen Kannibalen trat ich mit der Bohnerkeule bewaffnet meinen Weg zum Tatort an. Mein Lebenserhaltungstrieb hinderte mich am vollen Einsatz. Besorgt maß ich den Puls und stellte fest, er hielt sich in Grenzen. 89 Schläge pro Minute. Ist annehmbar bei einer Arbeit von 10 Minuten mit einer ungeheuer schweren Keule. Die Klarmeldung war dann nur noch Routine. Befriedigt trampelte ich in meine Bude und ließ mich für ein paar Minuten auf meine Koje nieder. Ein geregelter Tagesablauf muss ja sein.

Irgendwo im Raum bearbeitete ein Irrer eine Trommel mit einem Vorschlaghammer. Es klang jedenfalls so. Als ich mich darüber informiert hatte, dass hier nicht der Buschfunk Senegal am Trällern war, sondern die Rolling Stones, war ich beruhigt. Zufrieden schloss ich die Augen und wälzte mich auf die Seite. Ein paar Minuten bis zum Backen und Banken bleiben noch. Hier wird nicht gebrüllt, hier macht jeder alles von alleine. Kurz vor zwölf vernahm ich die schlürfenden Tritte von Stiefeln. Kolani an und Mütze auf, anschließend raus. Auf dem Weg nach draußen, schloss ich mit meinen Raucherfingern die fünf gülden glänzenden Knöpfe und schlüpfte in die blauen, vor Dreck stehenden Fingerlinge. Ein Haufen blau stand schon draußen. Man erblickte ein paar Beutel in denen fröhlich die leeren Flaschen klimperten. Nachdem die Formation halbwegs stand, erklang der vollkommen unmilitärische Befehl „ab", und jeder latschte los. Ein paar Wortfetzen fing ich ab und zu auf, mit denen ich aber geistig nicht klarkam. Ich hatte Hunger. Das schienen auch andere zu denken, denn aus dem leichten Dauerlauf war bald ein gestreckter Galopp geworden. Punkt zwölf traten wir gegen die Kombüsentür, welche noch nicht offen war. Endlich ging das Ding auf und alles stürzte vor. Das Essen war wie immer gut. Ich schlug mir den Magen voll, schloss mich den anderen an, indem ich laut und kraftvoll rülpste, schlug mit der Faust auf den Tisch, erhob mich und schlürfte zu meinen Klamotten. Jetzt folgte der Gang in die UHO, um die Notvorräte aufzufüllen. Ein paar Cola und ein paar Kalorien packte ich ein, denn mit Essen kann man auch Zeit totschlagen. Wird zwar teuer auf lange Sicht gesehen, aber es ist ja eigentlich egal wovon einem schlecht wird. Es ist manchmal wirklich so, dass nur aus reiner Langeweile irgendwelche Lebensmittel in den Magen reingestopft werden.

Den Beutel in der linken und die rechte Hand grußbereit, stapfte ich in Richtung Quartier. Der festgetretene Schnee knirschte unter meinen Stiefeln. Schmutzig grau schimmerte er in den ängstlichen Strahlen der Sonne. Ein paar Offiziere kamen mir entgegen und ich riss vorschriftsmäßig die Hand an die Mütze. Um die Mittagszeit und am späten Nachmittag ist es ganz schlimm. Dann kann man die Hand an der Mütze lassen, so viele Pickelträger rennen dort rum. Als massig, intelligenter Mensch versucht man sich um diese Zeit irgendwo aufzuhalten, nur nicht auf der großen Objektstraße. Also bog ich in eine Art Umgehungsstraße ein. Hier ist es stiller und etwas kürzer außerdem. Sie führt zwischen zwei Löffelblöcken hindurch und mündet auf einer Parallelstraße. Als ich um die Ecke bog, spürte ich mich fallen. Fluchend und prustend erhob ich mich wieder. Die Stiefel sind eben doch sau glatt, sagte ich mir, wobei ich mir gleichzeitig den Schnee vom Kolani klopfte. Der nächste Blick galt der Cola. Wie durch ein Wunder wurde sie von der Erdanziehungskraft verschont. Vorsichtiger auftretend traf ich ohne weiteren Sturz an meiner Baracke ein. Nachdem ich zwei klemmende Türen bewältigt und fast einen mit einer Kanne Kaffeewasser über den Haufen gerannt hatte, stürzte ich ins Zimmer. Keiner da. Den Lichtschalter gedrückt, den Beutel auf das Bett gelegt, den Schrank geöffnet und den Kolani in den Schrank gehängt, und wieder war eine Minute rum. Bloß raus aus den Stiefeln sagte ich mir und stieg in meine zerfallenen Filzlatschen. Im Prinzip konnte ich sie mir auch schenken, denn Sohle war sowieso nur noch etwas drauf, zudem waren die Socken schon schön hart. Doch es macht nun mal einen besseren Eindruck. Wenn der Fähnrich mich ohne Latschen auf Socken rumlaufend erwischt, hält er mir womöglich noch mutwillige Zerstörung von Militäreigentum oder Beeinflussung der Gefechtsbereitschaft vor. Vielleicht sagt er aber auch ich sollte meinen Fußpilz gefälligst in der Familie lassen und nicht in der Baracke verteilen. Weitere Vermutungen wollte ich nicht anstellen und packte das Speisefach mit den erworbenen Dingen voll. Den leeren Beutel warf ich achtlos in den Spind. Unsere gemeinsame Budenpest lag auf dem Tisch, und ich blätterte gespannt durch. Geknickt legte ich den Haufen wieder auf den Tisch. Nichts dabei. Also griff ich mir die Junge Welt und löste erst mal das Rätsel, bevor ich mich der Sportseite widmete. Gerade darin vertieft, wurde die Tür aufgerissen und Schindler stand in der Tür prustend wie ein Walross. Seine glubschigen Augen lagen tief in dem fetten Gesicht. Die wulstigen Lippen formten sich, und irgendetwas in der Art von den Wildsäuen kam heraus. Ich beachtete ihn nicht. Das schien ihn zu stören, denn er stellte eine dumme Frage. Ich schaltete auf stur. Inzwischen hatte er sich aus seiner Bekleidung gewälzt und lag grunzend auf der Koje. Ein unschönes Bild. Die schwarzen Stiefel, welche auf dem Bettgestell ruhten, waren das Ansehnlichste an der ganzen unförmigen Masse, welche sich auf dem weißbezogenen Bett bewegte. Ich wandte mich ab und meiner Zeitung zu. Die anderen Leute trudelten mit der Zeit nun auch langsam ein. Sie kamen vom Essen, von der UHO oder aus der Cola-Bar. Eines aber hatten sie alle gemeinsam; alle hatten rote Nasen, sahen durchgefroren aus und fluchten deftig über die Scheißkälte. So, wie es sich für einen guten Wachsoldaten gehört.

Damit war also ein Sonnabendvormittag vorbei.

Bericht Wache

Von Träumen geplagt und Ängsten zerrüttet,
von Visionen verfolgt und Ahnungen bestürmt,
von Krämpfen geschüttelt und Grauen gepackt:
So stand ich schon oft hier und habe gewartet.
Ich sah in die Runde und die Sekunden wurden zur Qual,
Ich fühlte mich einsam und habe gehofft,
Ich habe gegrübelt und habe Vögel beobachtet, mich selber zer-
mürbt,
Ich bin eingesperrt und kann doch die Freiheit sehen,
Ich dachte an früher und habe ~~gelesen~~ weint,
Ich kämpfte mit der Müdigkeit und habe verflucht,
Ich habe mich geplagt und habe gehasst,
Ich wollte vergessen und konnte es nicht,
Ich hörte Geräusche und habe gebangt,
Ich spürte die Hitze und konnte nichts tun,
Ich schmeckte die Frische, doch sie nützte mir nichts,
Ich habe gefroren und mich überwunden,
Ich habe gelacht und doch war ich traurig,
Ich habe getrunken um zu vergessen,
Ich dachte an Leben, da wurde es mir klar:
Für mich gibt es noch kein Leben, ich bin bei der Armee!

Die Heimkehr

Das große, mit Rostflecken behaftete Schiff machte an der Pier fest. Majestätisch lag es in den trägen Fluten des Hafenbereichs. Ein riesiger Kran überragte das Schiff noch um einiges. Möwen kreischten und versuchten irgendwie etwas Fressbares in ihre gierigen Schnäbel zu bekommen. Elektrotrassen rollten eilig hin und her. Hafenarbeiter standen staubbedeckt an den riesigen Lagerhallen, welche auch bald die Ladung seines Schiffes aufnehmen würden. In ein paar Minuten würden die Entladearbeiten beginnen, die Hektik wäre da. Aber all' das interessierte Bonny (so sein Spitzname) herzlich wenig, als er die Planken des Schiffes verließ. Für vier Monate war dieser eiserne Kasten sein Leben gewesen, hier hatte er gearbeitet, geschlafen und auch gelebt. Und nun hatte er erst mal die Schnauze voll von der Rumfahrerei. Klar, er hatte eine Menge von der Welt gesehen, hatte eine Menge Geld gespart und konnte Dinge erleben die vielen anderen verschlossen bleiben. Es ist schon ein schönes Gefühl all' die Häfen an der afrikanischen Westküste abzuklappern und dann im Nonstop nach Sydney rüber zu machen, aber das war jetzt erst mal vergessen. Er hatte Urlaub und wollte ihn so gestalten, dass es Spaß machen würde. Vier Monate hatte er Zeit gehabt sich zusammenzuklauben. Voller Elan und mit Ideen vollgepackt, stand er nun vor seinem Schiff, blickte noch einmal interessiert in die Runde und lenkte seine Schritte dann in Richtung Bahnhof. Sein halbvoller Seesack baumelte lässig über der Schulter. Die Sonne spiegelte sich in einer Öllache vor ihm und blendete ihn. Mit dem Gefühl 30 Tage Urlaub zu haben, stapfte er durch den Hafen, spritzelte kleine Steine mit dem Fuß durch die Gegend, wich beladenen Gefährten aus und freute sich. Noch dachte Bonny nicht wieder an sein Schiff, das Meer und die Weite. Doch das würde bald kommen. Jetzt galt es erst mal nach Hause zu kommen.

Sein Zuhause lag in Berlin. Dort konnte er eine 2-Zimmer-Altbauwohnung sein eigen nennen. Allerdings würde dort nicht viel los sein, denn er war im Augenblick ohne Anhang. So jedenfalls stand es kurz und bündig in einem Brief, den er vor zwei Monaten von seiner Freundin erhalten hatte. Den genauen Text hatte er nicht mehr im Kopf und der würde sich auch nie wieder rekonstruieren lassen, denn der Wisch schwamm jetzt irgendwo vor der Elfenbeinküste rum und war sicher schon zersetzt von der Einwirkung des Meerwassers. Aber ungefähr konnte er sich erinnern: „Tut mir leid, Dir solch eine Mitteilung machen zu müssen, doch es geht nicht anders. Schlüssel liegen in der Küche, sei nicht traurig, es war nett mit Dir. Kuss Bello." Ja, so kurz und trocken ging das. Aber er hatte sich nicht gegrämt, warum auch? Von Liebe war nie die Rede gewesen, jedenfalls nicht in ihrer Urform. Klar, sie hatten ein paarmal miteinander geschlafen, sich vielleicht zeitweise ganz gerne gehabt, aber was fürs Leben war es nicht. Das wusste er. Er hatte auch mit so etwas gerechnet, allerdings nicht so schnell. Bonny hatte es verkraftet und dachte nicht mehr daran. Es gab ja noch mehr Mädchen die sich von ihm einfangen ließen. Dumm war er nicht, schlecht aussehen tat Bonny auch nicht, und er war ein lustiger Typ. Das schätzten alle an ihm, jedenfalls die, welche ihn besser als flüchtig kannten. Und er hatte eine ganze Menge Freunde. Freunde, auf die man sich verlassen konnte, nicht solche die gleich die Segel reffen, wenn es mal brenzlig wird. Auf diese Leute konnte er sich verlassen, und er freute sich sie bald wiederzusehen. Sein Auftauchen hatte er zwar nicht avisiert, aber irgendwie würde er den Haufen schon auf sich aufmerksam machen. Das hatte damals auch geklappt, damals als er noch nicht auf See war, sondern sich noch redlich als Koch in einem zweitklassigen Hotel mühte. Gespannte Atmosphäre, faule Kollegen, hitzige und langweilige Tratschereien herrschen dort vor. Diese Gründe führten auch zu seiner Kapitulation; ihm behagte das auch alles nicht. Seine Arbeit war zwar umfangreich, aber äußerst anspruchslos. Sie forderte ihn nicht und machte auch im Grunde keinen Spaß. Woran das gelegen hatte, darüber hatte Bonny sich nie den Kopf zerbrochen.

Als er die Schnauze voll hatte, warf er den Kram einfach hin und bewarb sich bei der Handelsmarine. Die Leute dort drucksten ein bisschen herum, aber sie nahmen ihn schließlich doch. Vielleicht auch deshalb weil Köche auf bestimmten Linien gesucht sind. Als er seine erste Fahrt hinter sich hatte, wusste er auch warum. Tag für Tag in der stickigen und von Dämpfen erfüllten Kombüse saugte ganz schön an seinen Kräften. Trotz dieser Unannehmlichkeit machte ihm die Fahrerei einen Heidenspaß. Die fremden Häfen, die Art und Weise der fremden Menschen und verschiedenste Atmosphären in den Städten die er besucht hatte, hinterließen nachhaltigen Eindruck bei ihm. Bei seiner ersten Fahrt hatte Bonny auch seinen Hang zum Romantischen entdeckt. Oft opferte er Stunden seines Schlafs um an Deck zu sitzen und die Ruhe und die Naturschauspiele zu genießen. Er hatte sich daran so gewöhnt, dass es ihm immer wieder Freude machte einfach nur so in einem Liegestuhl zu sitzen, das ganze Wasser um sich herum zu betrachten und die laue Luft einzuatmen. Das waren seine Stunden der Muße, diese Phase wo er sich herrlich entspannte und am liebsten nichts anderes mehr getan hätte. In solchen Zeiten brauchte er keinen Menschen, er fühlte sich auch so wohl. Nicht mal die paar Briefe von Bello, welche er alle 14 Tage in kleinen Bündeln erhielt, mochten ihn fröhlicher machen als er schon war. Immer wieder amüsierte er sich über den Spitznamen, übrigens hatte er ihn ihr verpasst. Das war in seinem letzten Urlaub, wo er Novah, ja sie hieß wirklich so, bei einem Tanz-Sauf-Treff kennen gelernt hatte. Zu dieser Zeit hatte sie einen fürchterlichen Husten welcher sich auch noch eine ganze Zeitlang hielt. Besonders störend erwies sich das, als sie eng aneinander geschmiegt nach einer Nummer von Thin Lizzy tanzten. Dies war auch der Tanz in dem sie nach seinen Lippen suchte und diese auch fand. Man kann nicht sagen, dass sie irgendwie zusammen passten, aber auf bestimmte Weise wirkte das dunkeläugige, gut aussehende Mädchen äußerst anziehend. Weil sie sein Typ war, ließ er sich mit ihr ein, immerhin waren noch 3 Wochen Freizeit totzuschlagen. Und so kam es dann auch, dass sie Hals über Kopf zusammenzogen, ohne zu wissen was das für einen Inhalt haben sollte. Doch wer sucht schon nach Sinn, wenn es etwas zu erleben gibt. Die ganze Welt ist auf der Jagd nach Abenteuern. Bonny legte es auf solche Art von Vergnügung zwar nicht an, aber er verhielt sich auch nie ablehnend. Er ging in solch einem Falle davon aus, dass seine Partnerin wahrscheinlich genauso dachte wie er, damit bog er seine Bedenken ab. Und kompromisslos lebte er auf garkeinen Fall. Das war ihm auch gar nicht möglich, immerhin verbrachte er ja jede Hälfte eines Jahres irgendwo auf See, weit ab von seinem Zuhause. Da musste man Kompromisse schließen und er hatte sich entschieden. Als Novah zu ihm zog, hatte sie gerade ihren Abschluss als Betriebswirtschaftler hinter sich gebracht und arbeitete in einem kleinen Betrieb. Sie hatte relative Freiheit und war ganz zufrieden mit ihrem Job. Eine feste Wohnung hatte sie nicht, dafür einen Platz im Arbeiterwohnheim. Dieser sagte ihr logischerweise herzlich wenig zu und deshalb versuchte sie wohl so schnell wie möglich aus diesem Dasein auszubrechen. Wie oft sie das schon getan hatte, wusste Bonny nicht, er interessierte sich auch nicht sonderlich dafür. Er wusste auch sonst nicht viel von dem lebensfrohen und explosiven Mädchen. Als sie ihre Lehre begann, wohnte sie noch in Potsdam, allerdings zog sie nach ein paar Monaten schon in das betriebseigene Internat.

Ihre Eltern waren geschieden und sie hing wohl auch nicht übermäßig an ihnen. Das jedenfalls hatte er aus ihren Reden geschlossen. Sie zog es nicht zurück nach Hause, sie mochte Berlin und fühlte sich auch ganz wohl. Und jetzt wohnten sie zusammen und fanden es beide ganz nett. Bonny hatte von vornherein seine Karten auf den Tisch gelegt und sie nicht gerade ermutigt diesen Schritt zu tun. Irgendwo ganz hinten in seinem Bewusstsein war etwas, was ihm verbot dies zuzulassen. Doch dieses Stück hatte sich nach der ersten Nacht mit ihr schon verflüchtigt. Er war stark beeindruckt. Es war wirklich enorm, wie weit manche Menschen in Liebeskünsten bewandert sind. Solch ein Mensch war Novah. Dies glaubte er zu wissen. Und er wollte es nicht bei diesem einen Mal belassen, das gab wohl auch den Ausschlag für sein Ja-Wort. Und es wurde eine erlebnisreiche Zeit, verrückt zwar, aber nicht alltäglich. Nun bekam er ihre Explosivität zu spüren. Von einem Ding zum anderen ging es. Er kam kaum zum Luftholen, ihm verging Hören und Sehen. Das Geld, welches sich ziemlich schnell verflüchtigte, tat ihm nicht leid. Geld war für Bonny sowieso ein unnötiges Übel. Man brauchte Geld zum Leben und zum Erleben, deshalb gab er es aus. Nicht verschwenderisch, aber fast leichtsinnig. Bis jetzt war es immer gut gegangen, irgendwie klappte es doch nicht Pleite zu machen. Die Zeit mit Novah war schön, nicht vollkommen, aber schön. Das gestand er sich ein. Soviel Discos, Kneipen, Feste und Filme wie in diesen drei Wochen hatte er noch nie besucht. Und kein Abend doubelte den anderen, es war immer anders. Sie besaß eine enorme Gabe bewusst zu erleben und andere dabei mitzureißen. Es gab Augenblicke wo er das bewunderte, allerdings nur insgeheim und für sich. Er gab und nahm, dies war seine Linie.

Die Tage flossen dahin und es war nicht mehr viel Zeit bis zum Aufbruch. Da gab es den ersten Knick in der sowieso nur geleimten Verbindung. Eines Abends streikte er und weigerte sich mitzukommen zu einem Konzert. Ihre Versuche ihn umzustimmen, scheiterten an seinem Starrsinn. Er hatte eine Fete bei alten Freunden im Auge. Dies eröffnete er ihr auch. Sie erbot sich mitzukommen und das Konzert fallen zu lassen. Er konnte nur erwidern, dass das sinnlos sei, denn dies finde ohne Frauen statt und sollte nicht durch weibliche Wesen gefährdet werden. Ob sie dies nun einsah oder nicht blieb ihm verborgen, jedenfalls ging sie ohne ihn zum Konzert. Ihm war es recht und er machte sich auf zu seinem Treffen. Es gab ein großes Gejohle als er mit Alkohol bepackt, eintraf. Dieser Abend hielt was er versprach. Es wurde wahnsinnig lustig und anregend. Song um Song wurde mitgeklatscht, Flasche um Flasche geköpft. Als sich der Treff dem Ende neigte, war auch Bonny am Boden. Und das vollkommen. Keiner Gedanken mehr fähig sackte er in sich zusammen und verbrachte die Nacht friedlich schlummernd und in unnatürlicher Stellung auf einem Stapel Plattenhüllen. Als er von Klappergeräuschen am nächsten Vormittag erwachte, dröhnte sein Schädel gewaltig. Zusammen mit seinem Kumpel räumte er dessen Hütte auf und brachte sich einigermaßen auf Vordermann. Nachdem sie zusammen gefrühstückt hatten, es gab Bier und trockene Schrippen, verabschiedete er sich und fuhr nach Hause. Noch ahnte er nicht was ihn erwartete. Das änderte sich aber, als er die Tür aufschloss und Novah in der Küche rumhantieren sah. Er versuchte ihr den ganzen Sachverhalt zu erklären und entschuldigte sich sogar. Aber es zeigte keine Wirkung. Sein Mädchen blieb kalt und steif wie ein Eisblock. Er wusste nicht was los war, also erklärte er noch mal alles, diesmal fügte er allerdings hinzu, dass alles der Wahrheit entspräche. Kaum geendet legte sie los. Was er sich denn einbilde und ob sie ihm nicht genügte und ob er sich als Seemann alles erlauben konnte! Eine gewaltige Kanonade stürzte auf ihn ein. Ihm blieb nichts weiter übrig als dumm dazustehen und zuzuhören. Auf so etwas war er nicht gefasst, von dieser Seite kannte Bonny sie auch noch nicht. Was war bloß los mit ihr? Dies zu ergründen blieb ihm keine Zeit, es hagelte weiter haltlose Beschuldigungen. Als Novah endlich mal eine Pause machte und ihm mit hochrotem Kopf und eisigen Augen ansah, sagte er nur: „Ich komme wieder, wenn Du ruhiger bist." und ging. Er streifte durch die Gegend immer noch betört vom Vorabend. Er aß dann irgendwo gut Mittag und trank einige Bier. Dabei überlegte er sich was nun wohl zu tun wäre. Allzu bald zurückzukehren sähe nach Kapitulation aus, allzu spät nach Flucht. Also wählte er den Mittelweg und schlug die bis dahin noch verbleibende Zeit mit Biertrinken tot. Dann zahlte er und ging. Diesmal war er alleine, als er eintraf. Sie war nicht da, kein Hinweis, kein Zettel, kein Nichts. Er sah ziemlich betreten drein. Aber es half ja nichts, er musste warten. So machte er es sich also vorm Fernseher bequem. Das Programm an diesem Abend war so langweilig, dass er einschlief.

Geräusche weckten ihn, Novah war gekommen. Weder betrunken noch sonst was. Normal wie immer sah sie aus. Ein Blick zur Uhr ließ ihn stutzen. Es war viertel vor vier. Das konnte nicht sein. Das Testbild mit der elektronischen Uhr in der Mitte belehrte ihn. Ziemlich wütend knipste er den Fernseher aus, zog sich aus und legte sich auf sein Bett. Noch war kein Wort zwischen ihnen gewechselt worden. Alles verlief in einer gespannten Atmosphäre. Als sie dann zu ihm kam, war sie ziemlich reserviert und er machte auch keinen Versuch sie umzustimmen. Bello rang sich auch keine Erklärung ab, so schliefen beide den Schlaf der Vergnatzten. Nächsten Morgen erwachte er vor ihr und ließ sich das Geschehene durch den Kopf gehen. Als er seine Überlegungen beendet hatte, entschloss er sich zu handeln. Das war kein Zustand, es müsste sich ändern oder enden. Mit zärtlichem Streicheln und unter Aufbietung all' seines Charmes weckte er sie. Er ließ sie zu sich kommen und fragte dann vollkommen harmlos nach ihren Vorstellungen von der Zukunft. Auch sie schien nachgedacht zu haben, ihre Antwort war überwältigend.

Sie liebten sich wie lange nicht mehr. Das dies nur eine hilflose Geste war, wurde ihm erst später klar. Jetzt war erstmal wieder alles geklärt und in bester Ordnung. Trotz dieser Eintracht konnte er sich nicht des Gefühls der Zweifel erwehren. Es war nicht wie früher, daran gab es nichts zu rütteln. Dies sollte sich auch als vollkommen richtig erweisen. Es blieben ihm jetzt noch genau 4 Tage bis zum Auslaufen. Und mit dem letzten Gong wollte er auch nicht erscheinen, also noch drei. Diese Stunden genügten um mit Bello wieder alles ins Lot zu bringen, jedenfalls hatte es den Anschein. Dass er sie nicht mehr lange halten würde, war ihm klar, aber diesen Gedanken ließ er nie laut werden. Andererseits wollte er sie auch nicht raushämmern, das war nicht sein Stil. Sie war ein anständiges Mädchen, liebenswert und reizvoll. Dass sie etwas heftig war, konnte und wollte er ihr nicht anlasten. Sollte sie die Wohnung noch so lange haben, wie sie wollte. Er war auf See und konnte seine Bude sowieso nicht nutzen, Bello aber war damit gedient. Und so trennten sie sich dann freundlich und ohne Groll. Er fuhr mit seinen Ansichten nach Rostock, sie blieb mit den ihren zurück.

Und nun hatte er Bello verloren, die vier Monate Fahrt hinter sich und war gut gelaunt, auf dem Weg nach Hause. Als er das Hafengebiet hinter sich gelassen hatte, nahm er sich ein Taxi und ließ sich zum Bahnhof fahren. Dort studierte er die Fahrpläne und stellte fest, dass er noch Zeit hatte. Also setzte er sich in ein kleines Café, zutschte an seinem Mokka und zog genüsslich an seiner Zigarette. Er betrachtete die Leute in dem Café und stellte fest, dass sich seit seiner Abfahrt nichts, aber auch nichts geändert hatte. Was sollte sich auch ändern? Also wandte er sich wieder seinen Illustrierten zu, welche er von unterwegs mitgebracht hatte. Es war zwar offiziell verboten solche Sachen mit einzuführen, aber es gab immer Wege dies zu umgehen. Ein paar Kumpels wollten sowas haben, also hatte er getan was möglich war. Die Leute würden sich freuen und er hatte ihnen einen Gefallen getan. Das tat er gerne, ohne irgendwie etwas dafür zu fordern. Es war eine Geste der Freundschaft und damit gut. Nachdem er den letzten Schluck Mokka getrunken hatte, packte er sein Zeug ein, winkte der blauäugigen Kellnerin, zahlte und erhob sich!

Auf dem Bahnhof war wie immer reger Betrieb. Eine Art Geschäftigkeit umfing ihn. Keiner tat etwas produktives, trotzdem war alles in Bewegung und hastete umher. Diese Hektik war ihm fremd. Nicht dass es beängstigend wäre, nein, er betrachtete es nur mit unverhohlener Aufmerksamkeit. Als sein Zug einfuhr, stieg er ein und bekam mit Mühe und Not einen Platz. Der Zug war gerammelt voll. Auch diesen Zustand hatte er lange nicht erlebt, also zog er sich in seine Ecke zurück und träumte vor sich hin. Ihm war nach Bier, also sprach er einen jemand an, welcher sich mit einer Brieftasche in der Hand durch die gefüllten Gänge wandt. Seine Bitte wurde erhört und eine halbe Stunde später saß er bei 4 Flaschen Hafenbräu. Beim Anblick dieses Bieres musste er unwillkürlich an das Hafenbecken denken und als er kostete, sah er das Becken vor sich. Doch er hatte Durst, also fragte er nicht weiter nach den Künsten der Bierbrauereien. Inzwischen hatte sich der Zug in Bewegung gesetzt und ratterte fröhlich vibrierend auf den Schienen voran. Wenn er aus dem Fenster sah, erblickte er die verschiedensten Landschaften. Hauptsächlich Getreidefelder. Weizen wechselte mit Hafer, Hafer mit Roggen. Alle paar Sekunden huschte ein Mast am Fenster vorbei. Er versuchte sie zu zählen, gab aber nach ein paar Minuten entnervt auf. Also lehnte er sich zurück und versuchte etwas zu schlafen. Doch dazu kam er nicht. Die zwei älteren Frauen ihm gegenüber vereitelten das. Es war eine Unterhaltung ohne Pause, ja manchmal redeten beide gleichzeitig aufeinander ein. So etwas konnte er nicht verstehen, ließ sie aber gewähren. Und sie fuhren ungemütlich fort ihren Wortschatz zu strapazieren. Dagegen kam ihm der neben ihm sitzende Mann wie eine Fügung Bolts vor. Er war ein ältlicher Herr mit einer randlosen Brille, welcher dauernd und voller Vehemenz in irgendwelchen Büchern blätterte, Notizen machte, seine Brille hochschob und wieder blätterte. Er machte den Eindruck eines Referenten der ohne Rede vor versammelter Mannschaft steht. Was sollte Bonny also tun? Er entschloss sich auch zu lesen. Er kramte einen alten Schmöker von Chandler, den er irgendwo in einer Hafenkneipe verkauft bekommen hatte, aus seinem Seesack heraus und begann zu lesen. Wie gebannt verfolgte er die Sätze und war schließlich so darin vertieft, dass er gar nicht merkte wie die beiden älteren Damen ihn verließen und auf dem Bahnsteig weiter diskutierten. Er schreckte auf als laute Musik an seinem Ohr dröhnte. Krawallartige Töne blitzten aus einem ziemlich schäbig aussehenden Recorder erstdeutscher Produktion. Es war eine Mischung aus Landesgottesdienst und dem Startgedröhn einer DC-10. Um rauszukriegen ob das der Wahrheit entsprach, erkundigte er sich bei dem langhaarigen Typen der gerade dabei war einer gut gebauten Blondine das Gesicht abzunagen. So sah es jedenfalls aus. Aber der reagierte gar nicht auf ihn sondern fuhr in seinen Bemühungen fort. So abgeblitzt ergriff Bonny die Initiative und stellte leiser. Trommelfelle waren auch nur begrenzt haltbar. An lesen war nun nicht mehr zu denken. Das traf ihn wenig, er hatte sowieso schon vergessen wie es anfing. So knackte er noch ein Bier, sah auf die Uhr und dann aus dem Fenster. Dort hatte sich nicht viel geändert, immer dasselbe Bild. Leicht deprimiert legte er seinen Kopf zwischen seine beiden Handflächen und döste vor sich hin. Bei einer Alleinfahrt über drei Stunden hilft das jedem. Er fühlte sich irgendwie überflüssig, wie Mehrprodukt. Das würde sich bald ändern, dann nämlich wenn er zu Hause angelangt war. Als sich seine Ellenbogen zu tief in die Knie gebohrt hatten, gab er seine Stellung auf und lehnte sich wieder zurück an die ehemals mit grünem, jetzt jedoch mit grauem Kunstleder bezogenem Polster. Dabei knisterte etwas in seiner Tasche und er dachte daran, dass er Raucher war. Also fingerte er sich eine Camel aus der Klappbox, bot dem Pärchen welche an und ließ ein Feuerzeug klicken. Alle saugten dankbar an der Zigarette und füllten die Nische mit schmutzig grauen Rauchschwaden. Bonny kam mit den beiden ins Gespräch. Viel würde er nicht aus den beiden herausfragen können, dazu reichte seine Zeit nicht mehr, aber es war besser als vor sich hinzudösen. Sie waren sympathischer als sie aussahen. Etwas betreten war Bonny als er erfuhr, dass sie sich vor 5 Stunden noch gar nicht gekannt hatten, persönlich jedenfalls noch nicht. Es war also eine typische Chance auf den ersten Blick. Wo sie diese nutzen wollten, haben sie ihm nicht verraten, er war aber sicher, dass es nicht mehr lange dauern konnte, denn in falschen Proportionen zu seinem Gerede knutschte er das Mädel neben ihm ab. Der Zeitaufwand musste wohl ungefähr ein dutzend Mal höher sein als man gewöhnlich für ein mittelschweres Kreuzworträtsel benötigt. Da dieses Gespräch langsam einseitig wurde, war Bonny froh als Berlin in Sicht kam. Er schenkte dem Typen das restliche Bier, nahm seinen Kram und ging wortlos. Die beiden nahmen keine Notiz, konnten sie auch gar nicht.

Ein paar Minuten später fuhr der Zug kreischend in den Bahnhof ein und kam ruckweise zum Stehen. Er stemmte die quietschende Tür auf und stand nun wieder auf einem Bahnhof seiner Heimatstadt. Er stellte fest, dass es kein besonders aufregendes Gefühl war. Es war eben ein Bahnhof wie jeder andere auch. Kein Empfangskomitee, keine Kapelle, keine Blumen, nur ganz einfach Bahnhof. Er mochte keine Bahnhöfe. Sie vermittelten irgendwie ein Gefühl des Abschieds und der Sehnsucht. Man stieg dort in einen Zug um irgendwo anders unter vollkommen fremden Leuten wieder auszusteigen. Nun stand er also da und hörte den Zug wieder anfahren. Noch war es nicht spät und die Sonne schien auch noch. Da er keine große Lust zum Nach-Hause-fahren verspürte, lenkte er seine Schritte nicht zum S-Bahn-Bahnsteig sondern gen Ausgang. Es gab hier in der Nähe eine kleine, verschwiegene und schwer zu findende Kneipe, die er öfters besuchte wenn er zu Hause war. Immer mit seinem Gepäck auf der Schulter ging er vorbei an grauen, verwitterten Häusern, verschmutzten Telefonzellen, alten Plakatwänden die schreiend den Zirkusbesuch anpriesen, Geschäften aller Art, einer Baustelle auf der sich seit seiner Abwesenheit nichts getan zu haben schien und einem fahrbaren Bockwurststand, den eine Wolke Fleischduft einhüllte.

Er verspürte Hunger. Nach ein paar weiteren Metern hielt er die Klinke einer mit Palm grün frisch gestrichenen Tür in der Hand. Hinter diesem Holz lag die Kneipe, sie machte noch immer einen sauberen Eindruck. Viel Holz schmückte die Einrichtung, der Tresen war von der Tür aus nicht zu sehen. Ein paar Deckenleuchten verbreiteten ein nicht allzu helles, dafür aber angenehmes Licht. Frische Blumen standen auf jedem der runden weiß gescheuerten Tische. Von irgendwoher plärrte ein Tonband, nicht laut, aber unterhaltend. Die Musik passte zum Licht und das Licht war angenehm. Es war nicht sonderlich voll für diese Zeit. Er wählte einen freien Tisch in der Ecke des herzförmigen Raums, und setzte sich mit dem Rücken zu dem Fenster, welches sich mittels zwei verrosteter Riegel prima verschließen ließ. Seinen Seesack hatte er hinter sich zusammensinken lassen. Er schüttelte eine Zigarette aus der Packung, setzte sie in Brand und spielte mit einem Bierdeckel. Snoopy eilte heran. Snoopy war die Kellnerin in dem Laden und er kannte sie recht gut. Deshalb wusste er auch ihren Namen. Sie war eine ziemlich kleine, mit wunderschönen Augen ausgestattete Person. Sie hatte ein offenes Wesen und war immer lustig. Ihm wurde eine herzliche Begrüßung zuteil und er musste versprechen, dass er sich bald wieder sehen ließ. Er war noch gar nicht richtig da und da musste er schon Versprechen ablegen. Jetzt hatte er aber erstmal Hunger und Durst in verschärften Formen. Seine Frage nach dem Angebot quittierte Snoopy mit einem Lächeln und den Worten „Kriegst was Besonderes". „Na fein, hauptsache bald".

Und schon war sie weg. Während er noch grübelte, warum er einer Sonderbehandlung unterlag, kam sie wieder und stellte ihm einen halben Liter wohlgekühltes und mit schaumiger Krone versehenes Bier auf dem Tisch. „Küsschen" konnte er nur erwidern. Nachdem er seine Kippen in dem blauen Glasaschenbecher ausgedrückt hatte, nahm er einen herzhaften Zug aus dem Glas und fand dass es ihm gut tat. Bier war was Feines. Mittlerweile kannte er gut 190 Sorten von Bier, nie konnte er sich auf eine Sorte festlegen, obwohl Bier nicht einfach Bier ist. Für harte Sachen war er nur begrenzt zu haben. Das einzige, was da eine Ausnahme bildete, war guter Cognac. Wenn er Gelegenheit hatte, schlürfte er diesen zentimeterweise aus einem Wasserglas. Doch das kam selten vor, selten genug, wie er fand. Sonst hielt er sich an Bier und durfte sich wohl getrost zu den Verehrern dieses Getränkes zählen. Ein wirklich erquickendes und vor allem göttliches Getränk. Er war nahe dran nachzuschlagen wem er diese Erfindung verdankte. Doch der Mensch war bestimmt schon lange tot und ruhte seit Jahrzehnten unter schwarzer, fetter Muttererde. Er wollte ihn nicht stören. Als sein Essen kam, war das Bier alle. Genussvoll verspeiste er die mit gebratenen Zwiebelringen überhäufte, gut gebratene Leber, ließ sich das Gemüse munden und verschmähte den Kartoffelsalat. Das lag nicht auf seiner Welle. „Wirklich vorzüglich" sagte er zu Snoopy als sie ein neues ebenso schönes Bier auf den Tisch stellte. „Hast Du nachher ein paar Minuten Zeit?". „Klar, setz mich dann ein paar Minuten her". Warum er das gefragt hatte, wusste er selber nicht so genau, vielleicht wollte er sich nur unterhalten.

Jetzt zündete er erst einmal einen neuen Joint, lehnte sich zurück und blies den Rauch in Richtung Lampe. Es lohnte sich zu leben. Natürlich nur, wenn man das hatte, was man sich wünschte. Und Bonny glaubte fast alles zu haben. Das war seine Meinung und er fühlte sich wohl dabei. Was gab es eigentlich schöneres sich wohlzufühlen? In dieser Stimmung war man ganz das eigene Ich, man war so wie man gerne immer sein müsste. Diese Stimmung vermittelte das Gefühl des Glücklich seins, des Wohlbefindens. Oft hatte man diese Phasen nicht, aber wenn sie da waren, war man ein anderer Mensch, ein anderes Individuum mit einer vorzüglichen Stimmung. Er fand dass es öfters vorkommen könnte. Doch solche Phasen hingen von vielen kleinen Einzelheiten ab und vollkommen ideal war sowieso nie alles. Darüber machte er sich auch gar keine Illusionen. Heute jedoch kam Bonny diesem Idealzustand gefährlich nahe. Er war mit sich zufrieden. Sein Urlaub lag vor ihm, eine schöne, aber beschwerliche Reise hatte er überstanden, eine gute Kasse konnte er sein eigen nennen, seine Pläne waren abgesteckt und er hatte jetzt Zeit sich zu erholen. Viel mehr konnte man fast nicht verlangen. Ein nettes Mädchen höchstens noch, aber das würde sich finden. Er durfte nur nichts überstürzen. Jetzt nahm er erst mal einen Schluck aus seinem Glas, stellte es zurück und fuhr mit dem Zeigefinger wie liebkosend über den Rand. Er erhoffte einen Ton, da aber keiner kam, ließ er es sein und blickte sich im Lokal um. In der Zwischenzeit waren einige Leute dazugekommen, wahrscheinlich Stammkunden. An seinem Nebentisch saßen drei Männer mittleren Alters und wahrscheinlich auch mittlerer Bildung. Alle drei sahen ziemlich mitgenommen aus und diskutierten heftig über irgendeine Schweinerei die in ihrem Betrieb vorgekommen war. Sie unterbrachen nur um Snoopy heranzuwinken und die neue Lage zu bestellen. Ansonsten hoben sie wie drohend abwechselnd die Zeigefinger und tippten sich an die Stirn. Dabei konnte man die von Rauch gelb gewordenen Fingerkuppen erkennen.

Ganz instinktiv sah Bonny auf seine, aber es war noch nichts zu sehen. Man konnte auch nicht sagen, dass er übermäßig rauchte. Nur beim Bier und bei besonderen Anlässen. Wie Nervosität oder Kummer war er enorm steigerungsfähig. Ansonsten hatte er sich auf 15 Filter pro Tag eingepegelt. Ein zerbrechendes Glas unterbrach seinen Gedankenfluss. Täter war ein junger Bursche, der beim Ausweichen vor einer flachen Hand, welche seinem Vater gehörte, sein Brauseglas vom Tisch gefegt hatte. Wahrscheinlich hatte er sich irgendwie quer gestellt. Zwei ältere Damen die mit an diesem Tisch saßen, warfen dem Vater des Jungen streifende Blicke zu. Er hätte diesen Kaffeetrinkenden Drachen durchaus zugetraut, dass sie mit einem Schirm auf den Vater eingeschlagen hätten, wenn sie nur ein solches Instrument zur Hand gehabt hätten. Es regnete nicht und für Krückstöcke waren sie noch nicht gebrechlich genug. Deshalb beließen sie es wohl auch bei tötenden Blicken. Dem Mann wurde das wohl unheimlich, und nachdem er gezahlt hatte, verließ er den Ort seiner Niederlage und schleifte den jetzt in Tränen ausgebrochenen Jungen hinter sich her. Irgendwie tat er Bonny leid, doch er konnte nichts für ihn tun. Mit dieser Erkenntnis wandte er sich wieder seinem Bier zu. Es war schon bedenklich zur Neige gegangen. Also trank er den Rest auch noch aus und wartete auf Blickkontakt mit Snoopy, welche geschäftig zwischen den Tischen und dem Tresen hin und her eilte. Sehr bald stand ein neues Bier vor ihm. Er suchte nach Zigaretten in seiner Schachtel, fand aber keine. Also verkniff er sich das Rauchen. Dafür nahm er aus seinem Seesack eine von den mitgebrachten Zeitschriften und blätterte darin herum. Im Großen und Ganzen war alles nur Humbug was dort drin stand, aber es war mal ganz interessant Dinge zu lesen und vor allem anzuschauen die man sonst nie zwischen die Finger bekam. Die Zeitungsfritzen hatten ja immer nur ihre Politik und irgendwelche Hilfsaktionen im Urwald in ihren Hirnen. Also auch ziemlich langweilig. Hier in diesen bunten Heften sah man wenigsten was von der Welt. Sehr bald hatte er aber auch davon den Kanal voll und stopfte das Heft zurück zu den anderen.

Jetzt verspürte er ein Bedürfnis und ging aufs Klo. Um dorthin zu gelangen, musste er durch den ganzen Raum und durch einen von einem Kettenvorhang verdeckten Rundbogen. Auf dem Rückweg ging er an der Theke vorbei und holte sich ein paar Zigaretten. Snoopy saß an seinem Tisch und hatte gleich

noch ein Bier für ihn mitgebracht. „Na, ein paar Minuten Zeit?",
„Ja, sind alle versorgt.". „Na, was treibst Du denn so?" fragte er
und setzte sich. „Immer dasselbe, will raus hier aus dem Ver-
ein", antwortete Snoopy und zündete sich die angebotene Ziga-
rette an. „Macht mir keinen Spaß, zu viel das alles. Hab jetzt was
anderes in Aussicht und wenn es klappt, haue ich hier sofort ab.
Aber reden wir nicht von mir, erzähl bisschen was". Bonny
wandte den Blick von ihr ab und suchte nach einem Taschen-
tuch. „Tja, war wieder einwandfrei, hab 'ne Menge gesehen. Erst
Rotterdam, dann Westküste Afrika, Sydney und Melbourne,
zurück dasselbe. Am besten war's in Kapstadt, da sind wir mit
unserem kleinen Kutter raus und haben mal geangelt. Frag mich
nicht, wie wir zu ackern hatten um die Riesenfische rauszuzie-
hen. Der größte hatte knapp 200 Kilo, aber frag nicht was das für
einer war, kenne ich nicht. Jedenfalls einwandfrei. Naja, und
dann das übliche mit dem Landgang und einkaufen und so. „N'
paar schöne Klamotten habe ich mir besorgt, sonst sah es mit
dem Geld ziemlich trübe aus. Trotzdem war's schön. Sag mal,
haben sich Max und Krone hier mal sehen lassen?", „Nee, in der
letzten Zeit nicht, sind wohl irgendwo unterwegs. Wann sie zu-
rückkommen, weiß ich leider nicht, haben sie mir nicht verra-
ten." antwortete Snoopy und strich mit der Hand das Tischtuch
glatt. „Aber wenn sie hier auftauchen, sage ich ihnen, dass Du
im Lande bist, okay?", „Ja gut, vielleicht erwische ich sie aber
noch vorher. Hab' sowieso vor die ganzen Leute mal abzuklap-
pern. Nach einer gewissen Zeit sehnt man sich nach den ganzen
Pennern und will sie ganz gerne mal wiedersehen. Und ein paar
Rechnungen sind auch noch offen, da möchte man sich schon
mal zusammensetzen" erwiderte Bonny und nippte an seinem
Bier, welches anfing warm zu werden. „Du ich muss mich mal
wieder `n bisschen bewegen, sonst rebellieren die Kollegen hier"
sagte Snoopy und tippte ihm freundschaftlich auf die Schulter.
„Lass Dich bald mal wieder sehen" vernahm Bonny noch von
Snoopy, dann hatte sie sich auch schon ihrer Arbeit zugewandt.

Damit war für heute wohl alles gesagt. Bonny trank sein Bier aus, legte ausreichend Geld auf den Tisch, machte Snoopy darauf aufmerksam, erhob sich und hob die rechte Hand zum Gruß. Dann wandte er sich zum Ausgang und schloss hinter sich die frisch gestrichene Tür.

Die laue Luft wirkte erfrischend. Es war schon ziemlich spät am Nachmittag und langsam wollte er auch nach Hause. Also ging er den ziemlich tristen Weg zurück und war bald am Bahnhof. Er hatte noch ein paar Minuten auf seine S-Bahn zu warten, dann bewegte er sich Richtung Heimat. Er freute sich auf seine Bude, obwohl dort niemand war und eine Menge Staub auf ihn warten würde. Egal, es war sein Heim, das allein zählte. Bei der Gelegenheit erinnerte er sich daran, dass er ja auch noch etwas zum Leben brauchte; es war sicher nichts mehr im Kühlschrank. Würde er nachher noch erledigen. Um den heutigen Abend machte er sich keine Sorgen, er würde ausgefüllt sein mit saubermachen und ähnlichen Dingen. Er war zwar kein pingeliger Charakter, aber er lebte gerne sauber und ordentlich. Die S-Bahn fuhr rüttelnd vorbei an Neubaugebieten, mehr und minder großen Werken, rauchenden Schornsteinen und befahrenen Straßen, über denen Wolken von Abgasen schwebten. Diese Wolken sahen aus wie Watte und er war sich nicht sicher ob man noch allzu lange mit diesen Gasen leben konnte. Aber wahrscheinlich hatte sich der Mensch daran gewöhnt und brauchte diese Gase wie das täglich Brot. Man lebte zwar ungesund, aber man lebte, und das war wichtig. Wenn er daran dachte, dass er in dieser Stadt groß geworden war, und hier seine ersten Schritte ins Leben tat, wusste er gleichzeitig, dass die zunehmende Umweltverschmutzung dazugehörte. Man konnte sich ihr nicht entziehen. Sie gehörte zum Leben.

Jetzt kamen die ersten bekannten Straßenzüge ins Bild. Er sah die große Brücke, deren Bogen noch genietet waren. Er sah den dunkelgrauen Asphalt, welcher die Straße über die Brücke mit der großen Kreuzung verband, auf welcher Tag und Nacht Ampeln ihr farbiges Spiel trieben. Der Asphalt war noch warm und die Luft über ihm flimmerte. Autos hielten kreischend vor den Lichtsignalen und ungeduldig quoll aus den Auspuffs verbranntes Benzin. Beim Umschalten auf Grün heulten die Motoren auf und die Wagen rollten weiter. Alles wiederholte sich periodisch und monoton. In gewisser Weise machte alles einen geregelten aber in ein Schema gepressten Eindruck. Die Straße verlor sich als graues Band erscheinend irgendwo in der Ferne. Jetzt schob sich auch der große Parkplatz in sein Blickfeld. Hier war es immer voll und es herrschte ein reger Betrieb. Bloß gut, dass er noch keinen Wagen hatte. Er erhob sich, nahm seinen Seesack und ging an die Tür. Er war fast zu Hause. Als die S-Bahn hielt, riss er die Tür auf und stieg ins Freie. Er stellte fest, dass die Luft hier genauso verbraucht war wie anderswo. Es roch nach Industrie.

Nachdem er den Bahnhofsvorplatz überquert hatte, stellte er sich zu den Menschen die auf die Straßenbahn warteten. Einige Leidensgenossen blickten argwöhnisch auf seinen Seesack. Als Berliner waren sie zwar eine Menge gewöhnt, aber junge Burschen mit Seesäcken zählten noch zu den Novitäten. Er machte sich nichts daraus. Als seine Bahn kam, stieg er ein und verharrte in der Tür. Sein Blick hatte etwas erfasst, was er nicht so recht fassen konnte. Es war eins von den Zufällen, die manchmal passieren und äußerst unangenehm sind. Im hinteren Teil des Wagens saß Novah. Er hatte sie sofort erkannt, obwohl er noch gar nicht richtig in der Bahn war. Andere Dinge hatte er nur im Unterbewusstsein wahrgenommen, aber dass diese dunkeläugige Person mit den langen, dunklen Haaren die sich auf einem hellblauen T-Shirt kräuselten Novah war, stand fest. Das war Tatsache. Sie sah genauso aus, wie er sie in Erinnerung hatte. Dunkle Augen, die Bände sprechen konnten. Saloppe Bekleidung. Wohlgeformte Nase in einem rundlichen, aber hübschen Gesicht. Gezupfte Augenbrauen. Ungeschminkt, ihre Lippen bewegten sich. Die von ihr geformten Worte waren an einen vielleicht vierundzwanzigjährigen blondgelockten Mann gerichtet, der ihr gegenüber saß. Was sie sagte, konnte er nicht verstehen, aber es musste etwas Liebes gewesen sein, denn der blonde Kopf beugte sich zu ihrem Gesicht und küsste ihre Stirn. Das war also sein Nachfolger. Geschmack musste er ihr zubilligen, der Mensch sah adrett und intelligent aus. Er bemühte sich nicht von ihr gesehen zu werden. Instinktiv drehte er sich hinter die Menschen, die vor ihm standen. Er wollte nicht mit ihr sprechen, es wäre verlorene Zeit. Vergangene Gefühle würden wieder aufkommen und er hatte nicht die Absicht sein Gemüt zu belasten. Es war besser so. Außerdem wusste er nicht, ob sie es wollte. Da sich der Wagen bedenklich geleert hatte und die Gefahr der Entdeckung wuchs, stieg er aus. Zwei Stationen zu früh. Trotzdem war es besser so. Als die Bahn anfuhr, war er auf gleicher Höhe mit Novah und blickte ihr fast in die Augen. Ihr Gesichtsausdruck war schwer zu definieren, nachdem sie ihn erblickt hatte. Fassungslosigkeit zeichnete sich auf ihren fein geschnittenen Zügen. Die Augen blickten leer und irgendwie ratlos. All' das dauerte nicht länger als eine Sekunde, dann entschwand sie aus seinem Blickwinkel. Er hatte es sich nicht verkneifen können auf sich aufmerksam zu machen. Nun wusste sie, dass er in Berlin war, und der Seesack würde ihr verraten wie lange. Er hatte keine Absicht verfolgt, lediglich einer menschlichen Reaktion war er nicht ausgewichen. Sie war informiert und Bonny gespannt, was nun folgen würde. Wahrscheinlich nichts.

Er schob diese Gedanken beiseite und widmete sich seinem Einkauf. Auf der anderen Straßenseite stand eine von diesen Einheitskaufhallen, die überall herumstanden und die Menschen anlockten. Eine Kaufhalle war bequem und einfach. Deshalb gingen die meisten Menschen in solch' einen Konsumwürfel. Niemand machte sich mehr die Mühe nach den wenigen kleinen Geschäften zu suchen und dort einzukaufen. Dabei machte es dort viel mehr Spaß seine benötigten Dinge zu erstehen. Da die Zeit drängte, musste auch er der Menschenmenge folgen, welche dem Eingang dieser Einrichtung zustrebte. Natürlich war sie gerammelt voll. Die Luft war zum Erbrechen, auch die großen Absauganlagen schienen daran nichts zu ändern. Entweder waren sie defekt oder es wurde Strom gespart. Er tippte auf die zweite Möglichkeit. Er wartete eine ganze Weile bis er einen quietschenden und schwer zu handhabenden Schiebekorb bekam. Auch das Gegentreten gegen die freibeweglichen Rollen nützte nichts, nur auf drei Rollen fuhr das Dinge geradeaus. Da er es nicht gewohnt war mit so einem Mordswerkzeug umzugehen, handelte er sich etliche Flüche und Bemerkungen von Konsumenten ein, welche er entweder streifte oder rammte. Aber es gelang Bonny alle benötigten Sachen in seinem Korb zu verstauen und sich in die Reihe der Wartenden einzuschmuggeln. Durch Zufall hatte er seinen Lieblingswermut entdeckt und natürlich schlug er gleich erbarmungslos zu. 4 Flaschen standen in seinem Korb. Man wusste nie wie es kommt, und da war Vorrat angebracht. Seine Rechnung fiel auch dementsprechend extrem aus. Aber es musste ja sein. Nachdem es ihm gelungen war, alles in seinem Seesack zu verstauen, verließ er diesen Ort der Kaufwut. Draußen fing es an zu dämmern. Die Sonne stand zwar noch am Himmel, aber die Helligkeit nahm stetig ab. Bis zu seinem Heim war es nicht mehr weit. Als er den Schlüssel ins Schloss steckte und diesen drehte, überkam ihn ein eigenartiges Gefühl. Es war das Gefühl, welches Heimkehrende überkommt, wenn sie lange weg waren und sich auf die Rückkehr freuten.

Als er die Tür in das Dunkel stieß, schlug ihm eine Wolke muffiger Luft entgegen. Es war eine Mischung Moder, fehlender Luftfeuchtigkeit und Bohnerwachs. Die Tür fiel hinter ihm ins Schloss. Das erste was er tat, nachdem er seinen Seesack in die Küche gestellt hatte, war alle Fenster zu öffnen. Es waren genau ihrer drei. Küche, Wohnzimmer, Schlafraum. Es war keine große Wohnung. Wenn man den Flur durchquerte, hatte man genau 3,50 m zurückgelegt. Der Flur mündete in einem quadratischen

Zimmer, welches ihm als Schlafzimmer diente. Eine Doppelbett-couch, ein alter aber stabiler Schrank, etliche Regale und ein Dauerbrandofen waren die Zierde dieses Raums. Den großen Schrank, welcher fest wie ein stummer Zeuge der Vergangenheit wirkte, hatte er bei einer Haushaltsauflösung erstanden und unter etlichen Mühen, aber mit Hilfe von ein paar Freunden, in dieses Zimmer bekommen. Die Regale waren selbst gebaut und hatten schmucklos gewirkt, wenn sie nicht mit allen möglichen Dingen vollgestopft gewesen wären. Sie gaben dem Raum ein ungezwungenes Aussehen. Er wirkte, alles in allem, beruhigend. Der Raum wirkte auch nicht vollgestopft, obwohl das Platzangebot gering war. Bonny hatte die Möbel lange hin- und hergeschoben bevor er diese, wie er fand, optimale Anordnung gefunden hatte. Einzig die beiden gekreuzten Buschmesser im Schlafzimmer waren vielleicht ungewöhnlich, aber ihm gefiel das. Als er das Schlafzimmer verließ, fiel ihm auf, dass die braune Auslegeware dringend einer Reinigung bedurfte. Gleich links lag das Wohnzimmer, seine Perle. Hier hatte er viel Mühe, Geld und Arbeit investiert. Das erste was man sah, wenn man das Zimmer betrat, war ein großes gestreiftes Fell, welches dem Betrachter seinen aufgerissenen Rachen entgegenstreckte. Die vier Läufe spreizten sich rechtwinklig vom Fell ab. Der Boden war mit einem Spannteppich hellbrauner Farbe ausgelegt, welche in einem gesunden Kontrast zur Einrichtung stand. Neben dem Fenster, welches von schweren rubinroten Samtvorhängen verdunkelt wurde, befand sich die halbrunde, winzige Hausbar. Drei Personen hatten Mühe sich an dieser Bar nicht ins Gehege zu kommen. Die gemauerte Wand, welche die Ecke des Zimmers abteilte, war mit gespundeten Schmuckbrettern verkleidet, welche ihren dunklen Farbton trotz Lack beibehalten hatten. Das selbstgebaute kleine Regal aus verchromtem Stahlrohr, in welchem Gläser aller Schattierungen und Größen standen, befand sich gleich über der Bar. Ein kleiner stromgespeister Kühlschrank sorgte für die ausreichende Kühlung der Getränke. Auf der anderen Seite des Fensters stand der Fernseher. Auf einem Drehfuß und den abklappbaren Rollen war er leicht beweglich, was besonders günstig bei Feiern oder ähnlichen Anlässen war. An der einen Längsseite des Zimmers stand eine mit orientalischem Stoff bespannte Couch. Drei Ohrensessel gleichen Aussehens gruppierten sich um einen nicht sonderlich hohen rechteckigen Tisch nussbrauner Farbe. Über der Couch prangte als Blickfang ein afrikanisches Oval Schild. In seiner farbenfrohen Bemalung mit Pflanzenfarben hob er sich deutlich vom blauen Hintergrund der Wand ab. Zwei prächtig geschmückte Masken, eine beidseitig geschliffene Machete, eine Steinschleuder sowie etliche mit Schnitzereien verzierte und bunten Federn geschmückte Pfeile von mindestens einem Meter Länge ordneten sich um das Schild an. Es war ein faszinierendes und schönes Bild, all' diese Sachen anzusehen.

Rechts neben der Tür befand sich der klobige, gekachelte Ofen. Eine kleine Palme stand auf dem Ofen und streckte sich dem Licht entgegen, welches von einer Wandlampe über dem Ofen angestrahlt wurde. Auf der anderen Seite der Tür stand eine alte mit schweren Eisenbeschlägen verzierte Truhe von mächtigen Ausmaßen. Die kleine danebenstehende Anrichte sah gegen diesen Brocken ziemlich mickrig aus. Die ganze linke Längswand bestand im Prinzip aus einem Regal. Ein Kumpel von ihm hatte es ihm angefertigt. Bonny hatte gutes Geld bezahlt, aber die Arbeit war erstklassig. Aus dem Regal ließ sich ein länglicher Tisch sowie auf beiden Seiten jeweils eine Sitzbank ausklappen. In geschlossenem Zustand wirkten sie wie eine Tür. In diesem Regal befanden sich viele nützliche Dinge, die sich im Laufe der Zeit angesammelt hatten. Die im Regal untergebrachte Stereoanlage ließ sich mit wenigen Handgriffen unsichtbar machen. Dann ertönte nur noch aus den beiden Kugelboxen die Musik. Die vielen sichtbaren Bücher waren meist historischen Inhalts. An Pflanzen befand sich, außer der Palme auf dem Ofen, nichts in diesem Raum. Sie würden eingehen, wenn er so lange und oft weg war. Aber die vielen kleinen Mitbringsel von seinen Fahrten standen überall herum. Dadurch wirkte das Zimmer mehr wie ein Museum als wie ein Wohnraum. Doch er fühlte sich mächtig wohl in diesen vier Wänden und dann waren da noch der Flur und die Küche. Der Flur war mit geflammten Brettern ausgeschlagen und wurde nur ziemlich dürftig von einer versteckten Lichtquelle beleuchtet. Es reichte ja auch aus wenn man sah was man tat, wozu Aufwand treiben.

Die Küche war nicht groß, aber praktisch eingerichtet. Gegenüber dem Spülbecken stand ein uralter aufpolierter Küchenschrank. Der Küchentisch stand neben dem Schrank und an der Wand. Wie Novah es versprochen hatte, lag der Schlüssel auf dem Tisch. Um diesen Tisch gruppierten sich drei Stühle. Der kleine Kühlschrank brummte leise vor sich hin. Es hatte sich also nicht viel verändert, von der Staubschicht einmal abgesehen. Doch diese ließ sich vernichten. Bevor er damit anfing, räumte er seinen Seesack aus und den Kühlschrank ein. Die gähnende Leere verblasste als er die Tür des Kühlschranks schloss. Das Essenproblem war gelöst, blieb nur noch der Dreck. Bonny wollte es heute noch fertigbekommen, den Ehrgeiz hatte er. Also stellte er seine Stereoanlage auf Leistung, entkorkte ein Bier und legte los. Der Kampf mit dem Staub dauerte knapp zwei Stunden. Nun sah alles wieder bewohnbar aus. Er fühlte sich wieder wohl. Wenn er ein Telefon gehabt hätte, würde er jetzt ein paar Freunde anrufen und ihnen ankündigen dass er gegenwärtig sei. Aber er hatte keins und zum Runterlaufen war er zu faul. Er beschloss, sich den Abend gemütlich zu gestalten. Es gab da mehrere Möglichkeiten für ihn. Entweder er las und hörte dabei gute Musik oder er warf den Fernseher an und trank dazu seinen Wermut. Da er zum Lesen keine Lust hatte, war die Entscheidung schnell getroffen. Als er sich im Sessel niederließ, war alles vorbereitet. Der Fernseher flimmerte und der Tisch neben ihm war gedeckt. Mit dem Fernwähler kurbelte er die Programme durch und entschied sich für einen Tierfilm. Der

Wermut sprudelte im Glas und bildete eine vorzügliche Ergänzung zu den Käsebrötchen die er sich gemacht hatte. Nun lag er fast im Sessel und ließ sich leben. Vollkommen entspannt und in gewisser Hinsicht glücklich, dämmerte er vor sich hin. In Gedanken ging er den Tag noch einmal durch und kam zu der Feststellung, dass er anstrengend war. Aber das war ja jetzt egal, jetzt wo er hier sitzen konnte.

Was bin ich für Dich?

Ein teures Spielzeug, das man liebt,
ein großes Glück, dass es mich gibt.

Eine plötzliche Laune, die schnell vergeht,
eine schöne Erinnerung, die bald verweht.

Eine erjagte Beute, die man besitzt,
ein guter Mensch, den man benutzt.

Was immer ich sein mag für Dich –
Vergiss nicht das eine, Du bist alles für mich.

Gedicht, Titel ergänzt

Was?

Was tun wir um glücklich zu sein,
was brauchen wir um nicht zu widerstehen,
was braucht man um glücklich zu sein, um nicht unterzugehen.

Das schöne Gesicht

Der Tag fing, wie viele in diesem Jahr schon, grau und trübe an. Der Niesel rauschte in den schon leicht gelichteten Blätterwald. Ein paar Vögel, so schien es, flohen vor dem sich ankündigenden Tag. Die Straßen waren leer. Trübe Gaslaternen verstreuten ihr spärliches Licht in gespenstischer Weise auf ihre Umgebung. Unklare Schatten hoben sich hinter ihnen ab. All' das passte in diesen tristen, unfreundlichen Septembermorgen.

Ein paar Menschen hasteten, die Kragen ihrer Mäntel hochgeschlagen und über das Wetter fluchend, zur Arbeit. Sie schienen es sehr eilig zu haben, denn ihre weiten Schritte zeugten von dem Willen so schnell wie möglich aus dem sich verstärkendem Niesel herauszukommen. Langsam besiegte die aufsteigende Sonne die sich unwillig zurückziehende Nacht. Die Sonne stieg stetig empor und warf ihr helles freundliches Licht in die Welt. Es war ein schöner Anblick, als Millionen von feinsten Wassertröpfchen, sich gegenseitig abwechselnd zu einem breiten Regenbogen vereinigten. Langsam belebten sich die Straßen. Immer mehr Menschen liefen mit Schirm oder Kragen bewaffnet in Richtung Bahnhof. Die Menschen beachteten gegeneinander nicht. Sie hatten alle verschiedene Ziele und Aufgaben. Eines aber verband alle. Alle fuhren mit der S-Bahn in die, jetzt noch nicht von Abgasen und Industrie, verschmutzte Hauptstadt. Sie alle, welche in Oranienburg einstiegen, waren Randberliner. So auch Kerstin Waack, die, wie jeden Tag in der Woche, den Sonntag ausgenommen, zu ihrer Arbeitsstelle fuhr. Kerstin Waack studierte schon seit einem Jahr Ökonomie an der Ingenieurschule Berlin für Bauwesen. Ihr machte das Studieren Spaß. Hier in ihrem Studienkollektiv hatte sie ihre Freunde, ihre Interessen und ihren Spaß. An diesem Tag aber dachte sie nicht an ihre Freunde und Interessen. Ihre Gedanken kreisten heute um ein anderes Thema. Dieses Thema beschäftigt fast jeden Menschen. Tag für Tag mit mehr oder minder größerer Intensität. Es gehörte zum Leben. Ohne das Gefühl geliebt zu werden oder zu lieben ist die Welt leer, ohne fruchtbaren Sinn. Man pendelt, ohne zu wissen wohin man gehört, warum man lebt. Dieses Gefühl war in Kerstin erwacht. Deshalb war sie an diesem Morgen auch nervöser als sonst. Nachdem sie die Haustür geschlossen hatte, vernahm auch sie das leichte Rauschen des Niesels. Stören tat sie das nicht. Der Regen war für sie wie ein frisches Bad, als ob man sich frisch macht und anschließend ins Theater geht. Als ob man neu gestärkt sich an eine neue Aufgabe wirft. So fühlte Kerstin, als sie in kleinen aber direkten, von Willen zeugenden Schritten, dem Bahnhof entgegeneilte. Sie freute sich auf den Augenblick wo sie die Vorhalle des Bahnhofs betreten, kurz den abgerissenen Hörer eines Münzfernsprechers betrachten, die ausgetretenen grauen Steinstufen zum Bahnsteig emporsteigen und das gewöhnte Klicken des Fahrkartenentwerters hören konnte. Auf all' das freute sie sich.

Mit sicherem und festem Schritt näherte sie sich der gerade eingefahrenen S-Bahn. Sie wartete bis die Menschen die Bahn verlassen und sich auf dem Bahnhof verteilt hatten. Dann stieg sie in den dritten Wagen von hinten, schaute sich kurz um und steuerte sicher auf einen bestimmten Platz. Sie schüttelte das H2O vom Schirm, strich sich die Haare glatt und setzte sich an den Fensterplatz. Noch war sie alleine und der Zug sollte auch erst in 10 Minuten fahren und das wusste Kerstin. Sie hätte genauso gut den Zug davor nehmen können, aber sie tat es nicht. Sie saß fröstelnd in dem leeren Abteil und ließ ihre Blicke durch das vom Niesel beschlagene Fenster in die Weite schweifen. Viel zu erkennen war freilich nicht. Doch das störte sie nicht. Sie dachte an ihn. An den großen schlanken Mann mit den freundlich blickenden blauen Augen. Sie sah ihn vor sich und ihr Herz schlug schneller. Sie erkannte das fein geschnittene von keiner Falte durchzogene Gesicht. Sie spürte förmlich seine fein geschwungenen schmalen Lippen auf ihrem Gesicht. Er war überhaupt ein schöner Mensch. So jedenfalls dachte sie. Sein ganzes Gesicht strahlte menschliche Wärme aus und seine Züge zeugten von Willen und Entschlossenheit. So etwas mochte Kerstin.

Als ein älterer Mann mit zerfurchtem Gesicht und leicht gebeugtem Gang die Tür aufriss, schreckte sie aus ihren Träumen. Die S-Bahn war schon voller geworden und es breitete sich der typische Geruch aus, der entsteht wenn viele Menschen auf einem relativ engen Raum zusammen sind. Aufmerksam musterte sie die neueingestiegenen Menschen. Es waren Menschen mit den verschiedensten Charakteren und Minen. Es waren kräftige und schwache, verschlafene und lesende Menschen darunter. Doch <u>das</u> Gesicht war noch nicht darunter. Sie hatte es beim ersten Blick erkannt. So ging es ihr auch 3 Tage früher, am Dienstag. Sie stieg in die S-Bahn und war bei nicht sonderlich guter Laune. Der Gedanke an den bevorstehenden Tag ließ sie erschauern. Vier Einheiten standen auf dem Programm. 2 ML und 2 SVW. Und in jedem Fach eine Klausur. Sie hatte sich zwar gründlich vorbereitet und hatte sogar eine Einladung an einer Fete sausen lassen, aber wohlfühlen tat sie sich nicht. Gleichgültig ließ sie sich auf einen Platz fallen und blätterte zerstreut in einem Hefter. Sie wusste nichts mit sich anzufangen, die Fahrt bis zur Frankfurter Allee aber war lang und ermüdend. Sie ließ sich noch einmal die wichtigsten Fakten durch den Kopf gehen und prägte sie sich noch fester in ihr Gehirn als sie schon saßen. Ein leichtes Rucken, das sie kurz und sanft nach vorne fallen ließ, sagte ihr, dass die Bahn angefahren war. Sie wurde kurz durch ein lautes Lachen abgelenkt, vertiefte sich aber bald wieder in ihre Aufzeichnungen.

Die S-Bahn ratterte leise aber stetig vor sich hin und die Menschen lasen die neuesten Nachrichten oder starrten aus dem Fenster. Bewegungslos, wie Statuen. Nach einer Weile legte

Kerstin die Aufzeichnungen beiseite und schloss sich diesem allgemeinen Stumpfsinn an. Die Bahn hielt kurz und das übliche Gerangel beim Ein- und Aussteigen begann. Das rote Licht über der Tür, welches das Schließen der Tür ankündigte, beschleunigte diesen Vorgang. Neugierig musterte sie die Neuzugestiegenen. Bei dieser Sichtung fiel ihr Blick auf einen fein geformten, mit halblangen schwarzen Haaren bewachsenen Kopf. Dessen blaue Augen, eingerahmt von dunklen Brauen und langen Wimpern schienen förmlich die Zeitung, welche in zwei schön geformten und gut gepflegten Händen ruhten, zu verschlingen. Ihr Blick schweifte über den Rest des Körpers. An zwei starke Arme schlossen sich relativ breite Schultern an. Der Mann begann sie zu interessieren. Sie wusste nicht warum, aber ein Gefühl trieb sie weiter zu solchen Gedanken. Es kam aus dem Inneren ihres Herzens. Sie fragte sich warum er ihr nicht früher aufgefallen war. Doch diese Frage löste sich von selbst, als sich ein Mensch zwischen sie und dem Mann schob. Er war für einen Augenblick ihrer Sicht entzogen. Leicht verwirrt, unterzog sie sich wieder der Musterung dieses interessanten Menschen. Er trug einen Levisanzug von einer Farbe, die sie neidisch machte. Ein dunkelblauer Rollkragenpullover hob sich von dem leicht gebräunten Gesicht ab. Hatte wahrscheinlich Sonne im Urlaub, sagte sie sich. Sie hatte nicht gemerkt, wie die Zeit vergangen war. Im letzten Augenblick sprang sie auf dem Bahnhof Frankfurter Allee aus dem Zug aber nicht ohne vorher noch einen grimmig aussehenden Mann angerempelt zu haben, welcher irgendetwas brubbelte, was sie aber nicht verstand, da die Tür sich schloss. Die S-Bahn fuhr an und das Fenster hinter dem sich das schöne Gesicht verbarg, fuhr an ihr vorbei. In diesem Augenblick löste sich sein Blick von der Zeitung und er sah aus dem Fenster. Jetzt kreuzten sich ihre Blicke zum ersten Mal. Jetzt sah sie das erste Mal die blauen freundlich blickenden Augen, doch nur für einen kurzen Augenblick. Dieser genügte um sie für die nächsten Sekunden auf dem Bahnsteig erstarren zu lassen. Nachdem der Zug ihrem Gesichtsfeld entschwunden war, kehrte sie in die Wirklichkeit zurück. Verwirrt und mit einem noch nie bekannten Gefühl im Herzen ging sie in Richtung U-Bahn. In Gedanken steckte sie das Geld in die Zahlbox und zog sich lethargisch ihren Schein. Ihr Kopf war wie ein Bienenvolk. Die verschiedensten Gedanken schossen ihr im Kopf umher und sie wusste sie nicht einzuordnen.

Noch immer benommen stieg sie an ihrer Station aus und lief los in Richtung Schule. Sie hatte es gerne, wenn ihr noch einmal der Wind um den Kopf pfiff bevor sie vor dem tristen Neubau stand, der sie für Stunden verschlang, wie ein Raubtier sein Opfer. Doch heute sollten die Stunden wie im Fluge vergehen. Ihr Kopf war voller neuer schöner Gedanken. Diese ließen sie das Kommende vergessen.

Der Tag verging ohne nennenswerte Komplikationen. Der Betonwürfel, der sie vor Stunden verschluckt hatte, spie sie mit derselben Gleichgültigkeit aus wie alle anderen auch. Sie war eine von vielen. Und doch war sie anders. Sie war in der Lage das Gefühl der Liebe direkt und in seiner ganzen Schönheit zu erleben. Sie schwebte über den Dingen, nämlich in ihren Träumen. Der Weg nach Hause war ein Weg voller Licht und Farben der ihr entgegenrief „Du lebst, da Du liebst". Auch die sonst so öde Straße in der sie wohnte, erschien ihr freundlich und hell, sie war ein anderer Mensch. Aber langsam beschlich sie ein Gefühl das nichts Gutes verhieß. Es waren Überlegungen. Genaue, reale Überlegungen. Wie sollte sie diesem Mann näher kommen? Was sollte sie ihm beim ersten Gespräch sagen? Wie würde er darauf reagieren? War er überhaupt noch frei? All diese Fragen stürmten mit der ganzen Brutalität der reinen Wahrheit auf sie ein. Sie versuchte all' diese Sachen zu bagatellisieren. Unwillkürlich tat sie das einzig Richtige. Sie gab ihrem starken, aus dem Herzen kommenden Gefühl nach und beantwortete alle Fragen positiv.

Als sich der Abend über die Stadt senkte und die Dunkelheit von allen lebenden und toten Dingen Besitz ergriff, war sie sich sicher. Sie musste diesen Mann haben, ihn anfassen, ihm sagen, dass er ihr gefällt. Mit diesem Gefühl stieg sie froh in ihr Bett und schlummerte in süßen Träumen. Am nächsten Morgen stand sie entgegen ihrer Gewohnheit widersprechend früher auf und war etliche Minuten früher auf dem Bahnsteig als gewohnt. Sie hatte eine noch unklare Vorstellung, wie sie es anstellen sollte, aber sie war entschlossen. Entschlossen das zu tun, was sie begehrte. Die Tasche unter dem Arm und die Leute auf dem Bahnsteig musternd, stand sie an einem grau gespritzten Stützpfeiler, welcher durch Alter geschwächt schon seine Farbe abwarf. So stand sie da und sah in die verschlafenen Gesichter. Sie wartete aber auf ein bestimmtes "Da". Unten am Ende einer Menschengruppe tauchte es auf. Unwillkürlich zog sie sich hinter den, in diesem Augenblick Schutz bietenden Mast zurück und ließ das Gesicht an sich vorbeiziehen ohne aber ihren Blick auch nur eine Sekunde von diesem zu lassen. Sie sah wie er in der S-Bahn verschwand, sich kurz umdrehte und dann kräftig am Griff der Tür reißend diese zuwarf. In diesem Augenblick war sie entmutigt. Trostlos erdrückt von ihrer eigenen Angst. Sie nahm sich zusammen und schritt auf die Tür zu. Plötzlich spürte sie Blicke auf sich ruhen. Oder war es nur Einbildung? Nein, jetzt trafen sich die Blicke für Bruchteile einer Minute. Komischerweise verunsicherte sie das. Ohne es zu wollen schritt sie weiter und stieg in den nächsten Wagen. Als der Zug anfuhr, wurde ihr bewusst, dass diese Chance vertan war. Doch gerade diese Tatsache ließ sie selbstbewusster und sicherer werden. In ihrem Kopf reifte ein Plan von erstaunlicher Klarheit und Schärfe. Er war im Grunde so verbal und einfach, dass es verwunderlich war, dass sie nicht früher darauf gekommen war.

Der Tag verfloss förmlich. Die Stunden sprangen dahin wie junge Rehe im Wald. Alles verlief so glatt und so geregelt wie es lange nicht der Fall war. Siegessicher und selbstbewusst rollte sie sich am nächsten Tag aus dem Bett, warf sich etwas Wasser ins Gesicht, scheuerte sich das Gebiss und sprang an den Frühstückstisch. Voller Elan und Lebensfreude ging sie diesen Morgen los, wieder etwas früher als normal. So kam es, dass sie eine der Ersten war, die an diesem Morgen die S-Bahn bestieg. Doch im Gegensatz zu den restlichen Menschen steuerte sie bewusst auf einen Platz zu, auf den nämlich, der die meisten Chancen versprach, dem Gesicht genau gegenüber. Grübelnd saß sie da und wartete auf ihn und sein Gesicht. Schleppend nur vergingen die Sekunden und allzu viel Zeit blieb nicht mehr bis zum Signal. Und die Menschen rückten auch schon zusammen, um nicht von den Nachdrängenden erfasst zu werden. Doch ihre bösen Ahnungen zerschlugen sich sehr bald, als sie die große schlanke in blau gekleidete Figur erkannte, welche mit festen Schritten auf die Bahn zusteuerte. Wieder stieg das unbestimmte Gefühl in ihr auf. Das Etwas was sie nicht verstand und was sie gleichzeitig fesselte. Sie fühlte, dass etwas Neues, Unbekanntes sehr Schönes auf sie zukommen sollte. Die Tür wurde aufgezogen, ein leichter Luftzug fegte das auf dem Boden liegende Bonbonpapier verachtlich in eine Ecke und die große schlanke Gestalt mit dem schönen Gesicht setzte sich. Diese Gestalt setzte sich ihr gegenüber, ihr, Kerstin Waack aus Oranienburg. Es war wie Vorsehung, wie ein Wink aus einer anderen Welt. Wieder schlug der Mann die Sportseiten seiner Zeitung auf und vertiefte sich darin ohne Kerstin auch nur beachtet zu haben, so dachte sie jedenfalls. Sie war etwas enttäuscht und stützte ihren lockigen schönen Kopf auf, schniefte einmal beleidigt mit der Nase und starrte den dreckigen Fleck am Fenster an. Sie hypnotisierte diesen förmlich, genau wissend, dass sich dadurch nicht die geringste Veränderung ergab. Damit gab sie, ohne es zu wollen ihr Profil frei. Das war der Punkt, wo ein Mann begann ein junges, zurückhaltendes und begehrenswertes Mädchen zu mustern.

Seine Augen wanderten erst über den Zeitungsrand und dann auf den freiliegenden zierlichen Hals, welcher von ein paar

Locken des glänzenden braunen Haares gestreift wurde. Das Profil des ihm gegenübersitzenden Mädchens zog ihn in seinen Bann. Er dachte "Man Sebastian, wenn Du bloß mehr Mumm hättest, würdest Du sie ansprechen." Aber er hatte diese Kraft nicht. Er konnte nicht über seinen eigenen Schatten springen, die Ketten, die ihn einengten und hemmten sein eigenes Ich zu besiegen. Aber er hielt das Profil fest, so wie ein Schütze sein Ziel sicher ins Auge fasst, aber genau weiß, dass die Patronen alle sind. Und so verharrte er, die Zeitung immer noch aufgeschlagen in den Händen haltend.

Kerstin Waack hatte inzwischen den Fleck vergessen und dachte wieder an ihn, von dem sie noch nicht einmal den Namen wusste. Ihre Gedanken, ihre Gefühle wurden durcheinander geworfen. Jetzt, da sie dem Mann gegenübersaß, den sie kennenlernen musste, fiel ihr nichts Besseres ein als ihn anzusehen. Fest und tief anzusehen. Die Augen der beiden schienen zu verschmelzen. Es war als ob sie sich gegenseitig auffraßen, sich verbanden wie zwei Blutsbrüder. Tiefe Gefühle wurden geweckt. In diesem Augenblick sprachen ihre Augen Bände. Bände, die die Welt bedeuten. Alles was man mit Blicken ausdrücken kann, wurde hier verwirklicht. Man konnte förmlich die Feuer in ihren Augen sehen, welches loderte und sich nie wieder löschen zu lassen schien. Jede Sekunde ließ die Flammen höher schlagen. In dem Augenblick wo Sebastian die Augen niederschlug, um die Zeitung aufzuheben, die ihm aus den Händen gerutscht war, blickte sie zur Seite. Dabei erkannte sie, dass sie sehr bald den Platz räumen musste um auszusteigen. Passen tat ihr das nicht. Sie wäre viel lieber sitzen geblieben und hätte ihn angesehen, nur angesehen und geträumt. Doch der Augenblick der Trennung, die ja gar keine war, rückte näher. Langsam packte sie ihre Tasche fester und war im Begriff aufzustehen. Der Zug fuhr schon in den Bahnhof ein als sie aufstand. Plötzlich hörte sie eine weiche, zärtlich klingende Stimme sagen: "Fahren Sie morgen auch wieder?". Leicht verstört und verdattert stotterte sie "Ja" und stürzte aus dem Zug. Das "Na dann bis morgen" hörte sie schon nicht mehr.

In der Schule dann fiel ihre gute Stimmung auf. Sie war zwar von Natur aus ein lustiger und hilfsbereiter Mensch, aber die Stimmung, die sie heute verbreitete, ging wie Strahlen der Sonne von ihr aus. Sie war ein Energiebündel, an alle Aufgaben mit beißendem Elan herangehend. Diese Stimmung übertrug sich auf die anderen und die Monotie der Schule wurde überbrückt durch die gehobene Stimmung. Dadurch wurde der ansonsten langweilige Tag zur lustigen Stunde. Zuhause angekommen erledigte sie fröhlich ihre Pflichten und verbrachte den Rest des Tages so wie sie es schon immer machen wollte. Abends fiel sie in ihr Bett und schlief tief und fest.

Und nun saß sie in der Bahn und wartete auf das freundliche ihr schon so vertraut vorkommende schöne Gesicht.

Sehnsucht

Schwaden der Einsamkeit umwallen ~~mein~~ das Gemüt. Sie breiten sich aus wie die Arme eines Polypen welcher sein Opfer umschlingt. Sie hüllen ~~mich~~ einen ein und lassen ~~mich~~ einen zum Schatten ~~m~~seiner selbst werden. Wie ein große~~rs~~ verschwommene~~rs~~ ~~Schatten~~ Untier lastet dieses Verderben auf ~~meiner~~ der Seele. So wie ein Raubtier seine Krallen in ein Opfer schlägt, dringen die verderbenden Strahlen dieser schwarzen unheilbringenden Sonne in ~~mein~~ das Ich und lösen Partikel um Partikel aus ihm heraus.

Die entstandene Leere breitet sich Stück um Stück, so wie sich ein ~~beliebiges Gas beim Erwärmen~~ Geschwür ausbreitet. Diese Leere wirkt wie ein sich ständig vergrößernder bösartiger Tumor. Einmal von ihm befallen lässt er sich nur schwer entfernen. Er ist ein zäher, hartnäckiger Gegner, fast übermächtig. Die Einsamkeit ist eine Krankheit, eine Krankheit deren Viren verschieden sind, deren Auswirkungen aber immer geballt auftreten und es gibt nur ein einziges wirksames Mittel um diesen langsamen Verfall eines Menschen aufzuhalten. Die Liebe. Und deshalb werden wir beide uns nie einsam fühlen. Das was wir glauben als Einsamkeit zu fühlen, ist in Wirklichkeit Sehnsucht. Nur wer nicht liebt, kann wirkliche Einsamkeit spüren.

Grüß Dich,

ungebrochen und voller Elan stürze ich mich an die neue Aufgabe, die da heißt, endlich auch mal Antwort auf meine Post zu bekommen. Die Zahl der gescheiterten Versuche wird geheim gehalten um nicht gleich einen weiteren Querstrich, sprich Verlustmeldung, machen zu müssen. Das täte mir leid und würde mich auf unbestimmte Zeit entmutigen. Aber jeder Versuch birgt neue Hoffnung, und warum sollte es nicht auch mal klappen! Nun aber zu wichtigeren Dingen als meinen Pleiten.

Ich brauche Dir sicherlich nicht zu verraten, woher ich Deine Adresse habe, das weißt Du selber am besten. Fangen wir also gleich mit den gängigen Fakten an. So Gott will, werde ich am bzw. im April 1981 aus der Armee entlassen. Dann nämlich sind meine 18 Monate Dienstzeit, welche sich leider nicht vermeiden ließen, um. Und zwar werde ich mir dann sagen können: "Du warst 18 Monate bei der Marine." Wie ich dazu gekommen bin, wird mir auf ewig ein Rätsel bleiben. Jedenfalls bin ich Matrose, und habe noch 16 Monate Zeit mir Stralsund anzusehen, viele Briefe zu schreiben, eine Menge Unsinn und Spaß zu machen und mich dem Marinealltag zu widersetzen. Wie schon gesagt, wird sich das alles in Stralsund abspielen. Vor dieser Zeit tummelte ich mich ja in Berlin, aber hier oben ist die Luft viel besser. Nun aber zu mir. Vor etwas mehr als 20 Jahren erblickte ich in Berlin das Licht der Welt. Bis jetzt habe ich es noch nicht bereut, aber was nicht ist, kann ja noch kommen. Nachdem ich mich 6 Jahre lang abgestrampelt hatte, begann für mich ein zehnjähriger Lernprozess, der zwar Nerven kostete, aber eine Menge einbrachte. Im Laufe der Zeit wurde aus mir ein Betonwerker. Diesen Beruf konnte ich ja nicht allzu lange ausüben, denn die Fahne machte mir einen Strich durch die Pläne, die man sich so macht. Soweit in ganz kurzen Fakten die Entwicklung meiner Person. Mehr zu erfahren, liegt nur an Dir und Deinem Schreibfleiß. Bevor Du aber anfängst zu schreiben, noch ein paar Worte zu meiner Erscheinung.

Diese, im Allgemeinen gesehen, ist ja für Mädchen oder überhaupt für junge Menschen ein wichtiger, um nicht zu sagen ausschlaggebender Grund, welcher eine Korrespondenz überhaupt erst ins Rollen bringt. Oder auch nicht.

Dass ich jetzt kurze Haare habe, dürfte klar sein. Das Einzige, was sich daran nicht verändert hat, ist die dunkelblonde Farbe. Die graublauen (kann auch anders sein) Augen sind mir mitgegeben worden, die 182 cm Größe und die 70 kg Gewicht sind antrainiert. Im Großen und Ganzen gesehen, ist das fürs Erste alles, was ich zu beichten hätte. Es gäbe ja noch Unmengen zu erzählen, aber ...!

So, für mich geht die Warterei auf eventuelle Antwort wieder los. Je eher ich damit anfange, desto früher hast Du diese Zeilen.

Lass mich bitte nicht zu lange warten, denn auf einen aufregenden Erfahrungsaustausch freut sich Detlef

17 Monate

Deine Hilfe von draußen wiegt unheimlich schwer.
Es gibt nichts Schöneres als einen Brief von Dir.

Ich will Dich lieben, solange ich kann
und muss deshalb noch 17 Monate stehen meinen Mann.

Gedicht

Dank

Du, die Du mir entbehrungsreiche und harte Tage in einem lieb-
lichen Licht hast erscheinen lassen,
Du, die Du mich in einen seidenen Mantel von Glückseligkeit
gehüllt hast,
Du, die Du mich veranlasst hast mein Herz zu verschenken,
Du, die Du mir in all' der Trostlosigkeit dieser Welt einen Halt
gegeben hast,
Du, die Du mich in ein taumelndes Gefühl des Glücks fallen
lässt sobald ~~meine liebenden Gedanken bei dir weilen~~ die
schwingenden Flügel meiner Gedanken bei dir weilen,
Du, die Du mir einen festen Glauben an Aufrichtigkeit und
Treue gegeben hast,
Du, die Du mir mehr bedeutest als alle Reichtümer dieser Welt;
Du, ~~wirst brennend und zärtlich von mir geliebt.~~ die Du für
mich ~~der~~ zum Inbegriff des Glücks geworden bist; Du bist das
was ich brauche und mit jeder Faser meines Körpers brennend
liebe.

97

So hätte ich Dich gerne kennengelernt (Traum eines jeden)

Weber jr. hatte seine Sinne noch nicht beieinander, als er kurz nach dem Wetterrasseln in seinem zerwühlten Bett die Augen aufschlug. Einen Augenblick lang wusste er nicht wo er war und tastete hilflos umher. Es erschien ihm alles so schwammig, verschwommen in reinen Konturen. Als er den Kopf heben wollte, wurde ihm klar was ihm fehlte. Jetzt spürte er auch den faden, üblen Geschmack im Mund, von dem er wusste, dass da auch keine Zahncreme half. Der Geschmack würde ihn den Tag über verfolgen, wahrscheinlich genauso sein Schädel. Doch zumindest seinem Kopf, welcher dröhnte wie eine Kirche beim Orgelkonzert, musste er helfen und das schleunigst. Es kostete ihn einige Überwindung die Füße aus dem Bett zu rollen und sich aufzurichten. Um den Wecker brauchte er sich nicht mehr zu kümmern, er war inzwischen abgelaufen und tickte normal und monoton vor sich hin. Blieb nur noch das Problem „Kopf". Mühsam und sich den Kopf haltend, stolperte er ins Bad, stellte kalt Wasser an und warf einen Blick in den Spiegel und damit in sein Gesicht. Er erschrak. Das was er da sah, war nicht sein freundliches, aufgeschlossenes und von blonden Haaren umrahmtes Gesicht. Das was er da sah, war eine nichtssagende mit trüben und geröteten Augen blickende Maske. Er war kurz davor sich selbst anzuspucken, hielt sich aber noch rechtzeitig zurück. Diesen Triumph wollte er dem Freund Alkohol der ihn da anblickte, nicht gönnen. Er suchte noch nach bekannten Zügen in der Maske, fand aber keine. Trotzdem gelangte er zu dem Schluss, dass das sein Gesicht war, denn außer ihm war keiner weiter zugegen. Davon hatte er sich überzeugt. Er füllte also seine Handflächen mit eiskaltem Wasser und bespritzte sich damit im Gesicht. Während er das tat, schwor er sich nie wieder einen Tropfen

Alkohol zu genießen. Jede Bewegung von seinem geplagten Körperteil unterstützte diesen Vorsatz mit erheblichem Druck.

Langsam kehrte sein Hirn zu klarem Denken zurück. Es war zwar noch nicht das was man logische Grausamkeit nannte, doch es reichte soweit um sich über die weiteren Vorgänge des Tages klarzuwerden. Er fing an diese auszuführen indem er einen Blick auf die Uhr warf. Es war 5.20 h. In knapp zwei Stunden ging sein Zug. Er erinnerte sich sogar dunkel an das Fahrtziel. Er wollte nach Norden, an die See. Dort stieg ein Treffen seiner alten Kameraden. Es war jetzt fast ein Jahr her, dass er sie gesehen hatte. In dieser Zeit fand sein Internatsleben unten im Sachsenland sein Ende. Die Leute kamen aus der ganzen DDR und quälten sich genau wie er die zwei Jahre durch. Doch es war eine Zeit, die ihm viel gegeben und beschert hatte. Im Grunde genommen war es das Schönste, was er bisher aufzuweisen hatte. Voller Freude dachte er daran zurück. Und heute Nachmittag schon sollte er die ganzen Banausen wiedersehen. Bei dieser Erkenntnis brach er ab und widmete sich weiter seinem Schädel. Dieser war schon fast unterkühlt, deshalb trocknete er sich ab. Den Zähneputz ließ er aus, war sowieso sinnlos. Er ging in die Küche, nahm sich ein Bier aus dem Kühlschrank und setzte Kaffeewasser auf. Nachdem er in seiner Bude die Fenster aufgerissen hatte, um den trüben Geruch aus dem Zimmer zu bekommen, nahm er einen kräftigen Schluck aus der Flasche. Er wusste dass das half. Viele konnten das nicht, er jedoch fand da nichts bei. Es war gut für ihn, deshalb tat er es. Seine Fahne interessierte ihn da herzlich wenig.

Langsam kehrten seine Lebensgeister zurück, genauso sein Erinnerungsvermögen. Mit ein paar guten Freunden war er bei einem Konzert. Dieses fand bei herrlichem Wetter und auf der Waldbühne statt. So nannte sich die parkähnliche Anlage, in der eine Bühne rumstand und rundherum viel Platz für die Zuhörer war. Natürlich war die Stimmung bald da, kein Wunder bei dem flotten Kneipier. Jeder sieht eben zu wo er bleibt und böse über diesen Zustand war er nicht. Im Gegenteil. Er wollte einfach nochmal feiern, denn immerhin brach die Urlaubszeit an, und alle Leute würden nie wieder zur selben Zeit aufzutreiben sein. Also hatte man sich nochmal getroffen und ein paar lustige Stunden miteinander gehabt. Für ihn waren diese nicht nur lustig, sondern auch ereignisreich. Er hatte eine Eroberung gemacht oder er war erobert worden, ganz wie man wollte. Das Komische daran war, dass er das überhaupt nicht beabsichtigt hatte. Immerhin fuhr er ja einen Tag später an die See und bei der Truppe, die er oben vorfinden soll, dürfte es keine Schwierigkeiten geben diese 14 Tage zu einem Karneval ausarten zu lassen. Geld war genügend da, Lust sowieso und Urlaub ist Urlaub. Er war zwar kein leichtlebiger Kamerad, doch er war auch nicht darauf aus sich auf die Frömmigkeit zu spezialisieren. Dazu war er sich zu schade. Und er hatte genaue Ansichten. Er war nicht das was man landläufig unter Durchschnitt versteht, so gesehen war er mehr. Er ließ sein Leben nicht an sich vorbeifließen. Er schwamm in diesem Strom der Erlebnisse und wusste genau wohin er wollte. Er war eine rundrum sympathische Erscheinung. Sein Intellekt ließ auf gebildet schließen und seine Lebensauffassung hatte schon manchen vor Neid zur Kalkwand werden lassen. Außerdem waren ihm seine Grenzen bewusst und er probierte auch nicht diese einzureißen. Und nun war ihm ein Mädchen begegnet von dem er noch nicht wusste wo er sie hinstecken sollte. Eigentlich hatte alles ganz harmlos angefangen.

Nachdem er sich vom flotten Kneipier mit Nachschub hatte versorgen lassen, steuerte er auf die Sitzreihen zu und setzte sich. Den Pappbecher zwischen die Knie geklemmt und sich eine Zigarette anzündend, saß er nun auf der braun gestrichenen lehnenlosen Bank und ließ sich beschallen von der ziemlich lauten Band. Er war kein Musikfan und hatte auch keine große Ahnung von solchen Dingen, doch was er hörte gefiel ihm ganz gut, und so war er eigentlich schon zufrieden. Wie das nun mal so ist, hatte sich der Rest seines Haufens inzwischen verlaufen. Ab und zu sah er in dem Gewühle der Tanzfläche mal einen ihm bekannten Kopf, doch er hatte keine Lust jemandem nachzujagen. Dass er das das auch nicht mehr brauchte, wusste er erst zehn Minuten später. Eine weibliche Stimme sagte: „Hättest Du vielleicht mal eine Minute Zeit für mich?" Er hatte zwar Zeit, fühlte sich aber nicht angesprochen. Als dieselbe Stimme dasselbe wiederholte und er ein leichtes Tippen auf der Schulter verspürte, fühlte er sich angesprochen. Das erste was er sah nachdem er sich umdrehte um die zur Stimme gehörige Person auszumachen, war das Ende eines flauschigen, dunkelblauen Pullovers. Er sah die Formen zweier durchaus akzeptablen Brüste und einen gewaltigen Rollkragen. Auf dem Rollkragen saß ein hübscher Kopf. Hübsche und erwartungsvolle Augen sahen ihn an. Diese lagen in einem durchaus hübschen Gesicht und hatten etwas Forderndes an sich. Die langen, dunklen Haare flossen an ihrem Kopf herunter und verloren sich dann im Rollkragen. Er war entzückt, sagte aber trotzdem nur „Ja". „Tut mir leid wenn ich Dich störe, doch ich sah, dass Du Bier trinkst und dachte mir so, vielleicht spendiert ER Dir ein Bier." sagte die beruhigende Stimme. „Ich wollte auch nicht irgendeinen Typen fragen, verstehst Du was ich meine?" Er verstand, steckte aber das Kompliment kaltblütig ein. Es war eine originelle Idee, das gestand er sich ein. Er wusste nicht was er davon halten sollte. Eines hatte er aber gespürt: In der Stimme lag nichts professionelles, es war echt, natürlich. Er wusste, dass sie nicht der Typ war sich so ohne Geld einen netten Abend zu machen, es lag zu viel Ehrlichkeit in der Stimme. Nicht ohne Freude sagte er: „Warum nicht? Wenn Du mir eins mitbringst und wieder herkommst!". „Ist nett von dir, na klar.". Mit diesen Worten und seinem Geld lief sie los. Interessiert schaute er hinterher. „Nicht schlecht" dachte er. Was der Pullover nicht verbarg, verhüllten schwarze Kordhosen. „Eigentlich schade, dass sie was anhat", sagte er sich, „Ohne

Zweifel eine tolle Figur." Als er noch weiter nachdachte, bekam er einen roten Kopf. Doch im Dämmerlicht konnte das keiner sehen. Sähe ja auch zu dämlich aus, ein junger Kerl alleine auf einer Bank mit einem roten Kopf. Er stellte sich das Bild vor und fand dass er lächerlich wirken musste. Zu mehr Überlegungen war keine Zeit mehr, die urplötzlich in sein Leben getretene Person nahte. Vorsichtig trug sie die zwei mit Bier gefüllten Pappbecher in ihren zierlichen Händen. Sie musste schon geschwappt haben, denn über die rechte Hand zog sich ein schaumiger Streifen. Mit einem schüchternen, aber sehr ausdrucksstarken Lächeln setzte sie sich neben ihn und sagte „Danke". „Ist doch nicht der Rede wert", konterte er gedankenschnell. Eine Sache interessierte ihn brennend, darum fragte er: „Wie bist Du eigentlich auf mich gekommen?". Sie schien den Hintergrund seiner Frage zu erraten und fragte: „Was willst Du denn hören?" Das nahm ihm etwas den Wind aus den Segeln, doch ihm gefiel ihre Art. Leicht vorwurfsvoll betont, kam ein „Die Wahrheit, nur die Wahrheit" über seine Lippen. „Du willst also die ganze Wahrheit hören, ja?". „Ja, wenn's Dir nichts ausmacht.", „Im Gegenteil, ich tue es gerne, Du warst mir einfach sympathisch, außerdem glaube ich, dass Du nicht der Typ bist der dann gleich anfängt an mir rum zu tatschen. Deshalb bin ich zu dir gekommen!" Ihm wurde warm. Womit hatte er das verdient? So etwas hörte man nicht allzu oft, deshalb kam es ihm größer vor, als es war. „Ist nett von Dir, dass Du so denkst, es trifft den Kern. Wirklich edel." In diesem Augenblick war es ehrlich gemeint was er sagte. Er würde sie vielleicht nie wieder sehen, denn schon am nächsten Morgen würde er Richtung See dampfen. Er entschloss sich das Beste daraus zu machen, aber auf keinen Fall irgendwie in Ungnade zu fallen. Also fuhr er fort: „Wie kommt es denn, dass ein nettes und hübsches Mädel wie Du hier alleine in der Gegend rumschießt? Du bist doch sicher nicht alleine hier, vielleicht halte ich Dich von irgendetwas ab!" „Nein, das tust Du nicht, ich bin tatsächlich alleine hier. Auch wenn es nur unfreiwillig so ist. Meine Freundin hat mich versetzt, doch ich hatte keine Lust gleich wieder abzuhauen. Wär ja auch Quatsch. Wir leben ja nicht mehr im Mittelalter, zudem bin ich ein ganz lebenslustiger Mensch und gerne in Gesellschaft. Ich will was haben von meinem Leben, also tue ich das von dem ich glaube, dass es in Ordnung und okay ist. Und eine von diesen Taten war, dass ich Dich angesprochen habe. Das kannst Du doch verstehen", fuhr sie fort, „oder bin ich Dir lästig?". Er beeilte sich zu sagen „Nein, um Gottes willen, nein! Ich bin sogar recht froh darüber, denn das was Du gesagt hast, gefällt mir. Ich stelle fest, dass wir irgendwie die gleichen Ansichten haben.", „Das ist doch nicht etwa ein Annäherungsversuch?" warf sie scherzend ein. „Bis jetzt noch nicht, aber ich gebe zu, dass ich stark an einer Fortführung unseres Gesprächs interessiert bin. War ich zu offen?" fragte er hoffend. „Nein, ich find es gut, dass Du ehrlich bist. Hättest Du vielleicht Lust mit mir mal zu tanzen? Etwas Bewegung kann nicht schaden, außerdem kann unser Bier auch keiner mehr austrinken, da es alle ist." Er täte nichts lieber als das, doch das sagte er nicht. Stattdessen stand er auf, legte seinen Arm um ihre Schulter und schob sie sacht aber bestimmt in Richtung Tanzfläche. Sie ließ es gewähren. Das hatte natürlich nicht viel zu bedeuten, aber trotzdem war er irgendwie unheimlich erleichtert. Dann tanzten sie. In den wenigen Pausen die sie machten, erfuhr er, dass sie Sybille hieß, 20 Jahre alt war, sich vor Spinnen ekelte, zwei kleine Brüder hatte, nicht in der Partei war, noch zwei Jahre Maschinenbau zu studieren hatte, auf Jazz stand und gerne Vanilleeis aß. Seine Informationen liefen auf der gleichen Ebene vom Stapel, doch es war in keiner Minute langweilig, eher aufregend.

Dieses natürliche, lebenslustige Mädchen begann ihn zu fesseln. Er hatte inzwischen festgestellt, dass sie anders war als die andern, sie gefiel ihm. Er wünschte nie im Internat gewesen zu sein, denn deswegen musste er morgen weg. Aber absagen wollte er nicht. Als er ihr erzählte, dass er morgen an einem

Klassentreffen nach X fahren würde, glaubte er ein Leuchten in ihren Augen zu erkennen, doch er konnte sich darauf keinen Reim machen. Es wurde ein wundervoller Abend und als er sie nach Hause brachte, sagte er ihr, dass er sie gerne wiedersehen würde. Wieder glaubte er das Leuchten zu erkennen und sie sagte „Ich Dich auch". Damit war es raus. Sie mochte ihn. Darauf hatte er gehofft und gewartet. Diese drei Worte machten ihn unsagbar froh. Er war vor Freude überwältigt. Gegen seinen folgenden leidenschaftlichen Kuss wehrte sie sich nicht. Mit den Worten „Bin bald wieder da" verabschiedete er sich und lief nach Hause. Dort angekommen musste er seine Freude irgendwie noch genießen. Mit einer halben Flasche Wermut und etwas Zitronen schwelgte er bald in Erinnerung an den Abend.

Und jetzt stand er also da und erinnerte sich an den Wermut. Dieser dürfte Schuld an seinem Zustand sein. Und sehr bald würde er auch im Zug sitzen und ziemlich unwillig in Urlaub fahren. Das Kaffeewasser machte sich durch enormes Pfeifen bemerkbar und er stürzte in die Küche. Er brühte seinen allmorgendlichen Kaffee und suchte nach Essbarem. Großen Appetit hatte er sowieso nicht, aber mit leerem Magen wollte er nicht los. Er fand ein paar Stückchen Kuchen die seinem Magen zusagten. In aller Ruhe frühstückte er. Es bekam ihm gut und er fühlte sich besser. Langsam drängte die Zeit, er musste los. Das Geschirr ließ er stehen wo es war, es würde ihm nicht wegrennen. Dann schloss er alle Fenster, warf sich den gepackten Rucksack auf die Schulter, verschwendete einen letzten, prüfenden Blick auf die Brieftasche und drehte den Schlüssel zweimal im Schloss. Jetzt konnte es losgehen. Bis zum Bahnhof war es nicht weit, er setzte sich also in Bewegung. Nach ein paar anstrengenden Minuten war er auf dem Bahnhof. Die Sonne schien schon kräftig und tauchte alles in ein gleißendes Licht. Auf dem Bahnhof herrschte schon reger Betrieb. Menschen hasteten hier und dorthin. Lange Schlangen standen vor den Fahrkartenschaltern. Das erinnerte ihn an seine Fahrkarte, die er schon ein paar Tage vorher gekauft hatte, insgeheim beglückwünschte er sich dazu. Er hatte seinen Bahnsteig gefunden und stieg die Stufen hinauf. Oben angekommen empfing ihn ein mächtiges Gefühl. Berge von Koffern, Reisetaschen und anderen Reiseutensilien türmten sich vor ihm auf. Menschen standen in Gruppen zusammen und diskutierten über das Wetter und die folgenden Tage. Irgendwie konnte man die Urlaubsstimmung spüren die alle ergriffen hatte. Er kämpfte sich zu einer freien Stelle durch, nahm den Rucksack von den Schultern und setzte sich drauf. Die Bestimmungen missachtend zündete er sich eine Zigarette an. Uninteressiert sah er in die Menschenmenge, immerhin standen ihm Stunden einer quälenden Fahrerei bevor, und wahrscheinlich ohne Sitzplatz, denn wenn all' diese Leute mit in den Zug wollten, sah es traurig für ihn aus.

Er zog gerade an seiner Zigarette, als ihm fast das Herz stockte. Was war das? Das konnte doch nicht wahr sein? Er glaubte zu träumen. Mit einem strahlenden Lächeln auf dem Gesicht, einen Rucksack geschultert und die Hand zum Gruß erhoben, kam Sybille auf ihn zu. Die gleiche Sybille, die er gestern Abend nach Hause gebracht hatte und welche ihm das Glücksgefühl beschert hatte, von dem er befallen war. Er war nicht nur überrascht, er war perplex. Doch es gab keine Zweifel, sie war es. Sie stand vor ihm, drückte ihm einen Kuss auf die Lippen und sah in seine entgeisterte Miene. Das Einzige was er wahrnahm, war das Leuchten in ihren Augen, genau wie gestern Abend. Sie wusste, dass er verwirrt war und sagte: „Nu fass Dich mal wieder. Sehe ich wirklich so schlimm aus, dass Du wie eine Mumie vor Dich hinstarrst? Du freust Dich doch, nicht wahr? Wenn Du willst, fahren wir zusammen in Deinen Urlaub. Ich habe es mir genau überlegt und ich würde sehr gerne mitkommen. Du willst das doch, ja?" Als er alles verdaut hatte, sagte er nur „Jaa", nahm sie in die Arme und presste sie fest an sich.

Er war den Tränen nahe. Soviel Glück am frühen Morgen konnte er nicht verkraften. Er fühlte sich unbändig stark und glücklich, jetzt da er sie im Arm hielt und ihren Kopf streichelte. Ein irres Gefühl durchzog seinen Körper. Ausdrücken konnte er es nicht, dazu war es zu schön und zu ergreifend. Alles um ihn herum war vergessen. Er stand nur da, streichelte sie und war unsagbar glücklich. Auf vieles war er ja vorbereitet gewesen, doch das war fast unfassbar. Er wollte sich einen schönen Urlaub machen, ja, doch jetzt würde es wohl noch schöner als in seinen Träumen werden. Als der Zug einfuhr und sie beide einstiegen, begann für sie beide ein neues, aufregendes Leben.

Gedicht, Titel ergänzt

Wär ich bloß...

Junge Leute hört man sagen:

Wär ich bloß älter, ich könnt' so viel...

Alte Leute hört man klagen:

Wär ich doch jung, es würd doppelt so schön.

Wir beide sagen:

So ist es wunderbar, wunderschön.

Einsamkeit

Schwaden der Einsamkeit umwallen ~~mein~~ das Gemüt. Sie breiten sich aus wie die Arme eines Polypen welcher sein Opfer umschlingt. Sie hüllen ~~mich~~ einen ein und lassen ~~mich~~ einen zum Schatten ~~m~~seiner selbst werden.

Wie ein große~~rs~~ verschwommene~~rs~~ ~~Schatten~~ Untier lastet dieses Verderben auf ~~meiner~~ der Seele. So wie ein Raubtier seine Krallen in ein Opfer schlägt, dringen die verderbenden Strahlen dieser schwarzen unheilbringenden Sonne in ~~mein~~ das Ich und lösen Partikel um Partikel aus ihm heraus.

Die entstandene Leere breitet sich Stück um Stück, so wie sich ein ~~beliebiges Gas beim Erwärmen~~ Geschwür ausbreitet. Diese Leere wirkt wie ein sich ständig vergrößernder bösartiger Tumor. Einmal von ihm befallen lässt er sich nur schwer entfernen. Er ist ein zäher, hartnäckiger Gegner, fast übermächtig.

Die Einsamkeit ist eine Krankheit, eine Krankheit deren Viren verschieden sind, deren Auswirkungen aber immer geballt auftreten und es gibt nur ein einziges wirksames Mittel um diesen langsamen Verfall eines Menschen aufzuhalten. Die Liebe. Und deshalb werden wir beide uns nie einsam fühlen. Das was wir glauben als Einsamkeit zu fühlen, ist in Wirklichkeit Sehnsucht. Nur wer nicht liebt, kann wirkliche Einsamkeit spüren.

Zwei Menschen

Es gibt zwei Menschen die sehen sich nicht,
es gibt zwei Menschen die hören sich nicht,
es gibt zwei Menschen die können nicht, aber
sie lieben sich.

Wolken der Heimat

Die Wolken der Heimat sind fern und zugleich nah,
sie tragen die Hoffnung, die Liebe und Pein,
von Menschen, welche sind allein.

Die Liebe der Menschen

Die Liebe der Menschen, die uns gegeben, wird niemals vergessen, wie wunderbar.

Die Liebe der Menschen, wo geht sie hin? Sind sie wirklich alle so kalt und zugleich rein um sagen zu können: Ich bin allein?

Antwort der Fragen

Was hilft dem Menschen,
was lässt ihn sein?

Warum kann er leben
und glücklich sein?

Warum leidet er, mal
hier mal da?

Was lässt ihn ertragen so
viele Peine?

Wieso kann er sagen:
„Ich bin Dein?"

Die Antwort der Fragen
kann nur eine sein!

Weisheit

Nichts trägt bessere Früchte als eine gute Freundschaft

◊

Nicht Alles lässt sich ausquetschen wie eine Zitrone

◊

Die größte Hilfe ist ein kleiner Wind, die großen Winke sind
Schläge.

◊

Die verbotenen Sachen machen immer am meisten Spaß, bergen
aber die größten Gefahren

◊

Große Sprüche sind leicht gemacht, die Ausführung ist immer
schwieriger

◊

Die kleinen Gaben sind die Pfeiler der Geschenke

◊

Wo wir sind geht alles schief, und wir sind überall

◊

Die Frauen sind wie die Wipfel der Bäume, sie schwanken je nach Windstärke

◊

Die Erkenntnis, dass man altert, birgt viele Gefahren. Eine davon ist das Alter.

◊

Einige Dinge versteht man nur, weil man zu wenig von diesen weiß

◊

Die Erinnerung ist der Spiegel der Sünden

◊

Ein Vakuum an Gefühlen ist die beste Grundlage für gute Geschäfte

◊

Getretene Hunde bellen, aber nur um zu zeigen, dass sie beim nächsten Mal beißen.

◊

Bei einem Streit sollte man immer sagen was man denkt, bei seiner Frau sollte man sich überlegen was man sagt.

◊

Sich in Dinge einzumischen von denen man nichts versteht, heißt: sich früher oder später bloßzustellen

◊

Das verwirrende am Leben ist dessen Vielfältigkeit

◊

Man muss nicht unbedingt erst Fehler machen, um verziehen zu
bekommen

◊

Grobe Fehler haben den Vorzug, dass man sie nur einmal macht

◊

Die Wahrheit zu erfahren hält man aus,

aber sie auch zu ertragen

– ist vielfach ein Totenschmaus.

– bringt vielen den Garaus.

◊

Das Leben zu lieben ist einfach und fein,

doch es auch zu können, dürfte wohl nie möglich sein.

◊

Besser reich leben und

arm sterben als umgekehrt

◊

Lieber 30 Mal kauen

als sich einmal verschlucken

◊

Alles kann man käuflich erwerben,

nur kein Vertrauen.

◊

Die größten Fische haben meist die kleinsten Schuppen.

Liebe

Das Vertrauen ist die Mutter der Liebe

◊

Erworbenes Vertrauen ist mehr wert als geschenkte Liebe

◊

Gebrochene Herzen sind durch nichts mehr zu reparieren

◊

Große Erfolge hat ein Mann ohne eine liebende Frau selten, und wenn er welche hat, dann nur um sich eine solche zu beschaffen.

◊

Alte Liebe rostet nicht, doch das Aufpolieren ist viel schwerer

◊

Die Liebe ist das Salz des Lebens

◊

Wer Liebe zu spüren bekommen hat, wird diese nie mit Füßen treten

◊

Was ist das Leben, wo liegt der Sinn?

Das fragte sich das Verlassen und schied dahin!

◊

Was geben mir andere?

Ich weiß es nicht.

Ich darf Dir bloß sagen:

„Ich brauche Dich"

◊

Du darfst weinen und leiden

und mich vermissen,

doch eines musst Du wissen,

Du bist niemals allein!

Viele Ehefrauen haben einen Liebhaber,
doch alle Liebhaber sind verheiratet.

◊

Eine Karo am Morgen verscheucht Kummer und Sorgen,
doch willst Du Sorgen, so denke an morgen.

◊

Bringt doch Hilfe ihr Götter, oje,
ich kann es nicht glauben, ich bin ein E.

◊

Holzhacken ist keine Kunst,
das Holz zu besorgen ist die Schwierigkeit.

◊

Jeder muss sich alleine seine Zähne putzen.

◊

Konsumbrot zur Morgenstund ist ungesund.

◊

Nur Arme studieren, sie wollen nie reich werden.

◊

Der beste Weg dem Reichtum aus dem Wege zu gehen, ist ein
Studium.

◊

Ochsen bekommen Hörner, Menschen Anfälle.

◊

Das Gelbe vom Ei kann auch verdorben sein.

◊

Auf der Alm ist gut lieben, denn im Herbst wird abgetrieben.

◊

Was tut der Vogi im Bad allein?
Er klatscht in die Titten und schrubbt sich rein.

◊

Mein Kragen ist schon ausgewaschen,
darum werde ich Dich bald kaschen.

◊

Die Zeichen sind günstig fürs Spiel zu zweien,
endlich allein, so muss es sein.
Sie trieben es heftig und zogen sich an,
und stehen jetzt wieder ihren Mann.

◊

Ungestört, allein das ist der Traum von uns zweien.

◊

Wer anderen eine Grube gräbt, fällt selbst hinein,
aber nur wenn er vergessen hat wo er sie gegraben hat.

Es ist schön, es ist ein großes Glück/es ist ein wertvolles, gerne genossenes Gut. Einen so besonderen Menschen wie Dich kennen zu dürfen. Danke.

Ich erhoffe für Dich und wünsche es Dir mit leidenschaftlicher Aufrichtigkeit:

- dauerhafte Zufriedenheit

- gesunde Ausgeglichenheit

- stabile Gesundheit

- kontrollierte Spontanität

- ein nie versiegendes Lächeln

- realen Optimismus

Alles, alles Gute, wofür und wobei auch immer.

D. 06/2014

„Nur wer nicht liebt, kann wirkliche Einsamkeit spüren."

Detlef Müller, *05.01.1960 † 10.01.2015

Widmung

Liebe Leserinnen und liebe Leser,

aus eigenem Antrieb heraus, hatte ich die Motivation die von meinem Vater verfassten Texte zusammenzuführen und zu veröffentlichen, wenn man so will, als eine Art Nachlass.

Daher ist dieses Buch meinem geliebten Vater Detlef Müller gewidmet – für seine Fürsorge, seine Unterstützung und seine Liebe, seine Weisheit und seine Einzigartigkeit. In meiner Erinnerung wird er ewig weiterleben.

Ich wünsche Ihnen, dass Sie beim Lesen genauso viel Freude und Liebe empfinden, wie ich.

Alles Liebe,

Nadja Müller

Zeitfracht Medien GmbH
Ferdinand-Jühlke-Straße 7
99095 Erfurt, Deutschland
produktsicherheit@kolibri360.de